신라왕조실록 2

법흥왕~문무왕 편

차례
Contents

일러두기 · 이 책에 표기된 연도 중 기원전이 아닌 연도는 편의상 '서기'를 생략한다.
· 이 책의 날짜는 모두 음력이다.
· 『삼국사기』에 속하는 「신라본기」「고구려본기」「백제본기」「열전」은
『삼국사기』를 처음 한 번만 표기하고 이후는 생략한다.
· 『삼국사기』 인용문의 누락된 글자는 △로 표시한다.

제23대 법흥왕

법흥왕의 즉위와 정책

지증왕의 후계자 맏아들 원종(原宗)이 514년(법흥왕 1)에 즉위했다. 『책부원귀(冊府元龜)』에는, 그의 성이 모(募)고 이름은 진(秦)이라 되어 있다. 물론 이는 참고 자료에 불과하다. 법흥왕 어머니는 당연히 지증왕의 왕비 연제부인(延帝夫人)이고 왕비는 박씨 보도부인(保刀夫人)이다. 법흥왕의 키는 일곱 자에 달할 정도로 기골이 장대한 외모였으나, 성품은 너그러웠다고 한다.

『화랑세기』에는 법흥왕의 측근에 관한 이야기가 전한다.

이른바 '마복칠성(摩腹七星)'이다. 이와 관련해 문제가 되는 개념이 마복자(摩腹子)다. 이는 권력자가 혼인하지 않은 여자에게서 낳은 자식을 뜻한다. 현대사회에서는 이것이 개인적인 약점으로 작용하지만, 신라 때는 그렇지 않았다는 것이 『화랑세기』의 내용이다. 오히려 마복자는 왕과 같은 권력자의 후원을 받으면서 정치적인 협력을 했다는 것이다.

그러니 여기서 마복칠성은 법흥왕과 친밀한 관계를 맺은 소지왕의 마복자들을 의미한다고 여겨진다. 법흥왕과 친밀한 마복칠성은 아시공(阿時公)·수지공(守知公)·이등공(伊登公)·태종공(苔宗公)·비량공(比梁公)·융취공(肜吹公)이다. 법흥왕은 이들의 우두머리였다는 것이다. 지금 세간에 돌고 있는 『화랑세기』가 위작이건 아니건 여기 등장하는 인물 상당수가 『삼국사기』 등에도 등장하는 주요 인물인 점은 분명하다.

그리고 이들과 관련되어 빼놓을 수 없는 한 인물이 위화랑(魏花郎)이다. 그는 신분이 낮아 마복칠성에 끼지 못했지만, 그 역시 나중에 화랑도 초대 풍월주(風月主)가 되는 등 중요한 사건에 연관되어 있다. 『화랑세기』에 묘사된 그의 모습은 전형적인 꽃미남이다. "얼굴은 백옥, 입술은 붉은 연지, 맑은 눈동자와 하얀 이를 가졌으며, 말이 떨어지면 바람이 일었다"는 것이 화랑세기의 묘사다. 그는 법흥왕이 즉위하기 전부터 누이 벽화(소지의 애첩) 덕분에 궁궐에 출입하면서 밀접한 관계를 맺어왔다.

소지왕 시절 법흥왕은 위화랑만큼의 총애를 받지 못하고 있었다. 그러자 아시공은 법흥으로 하여금 위화랑에게 하배(下拜: 아래로 내려가서 절함)를 하도록 권했다. 위화랑이 이를 아버지 섬신공(剡臣公)에게 말하자, 섬신공은 "그것은 너를 신하로 삼기 위한 것이다. 지금 왕은 늙었고, 국공[國公: 법흥왕]은 야심이 있으니 너는 그를 섬겨야 한다"고 충고해주었다. 위화랑은 그 충고를 따르며 법흥왕과 뜻을 맞추었다. 이렇게 지낸 지 얼마 지나지 않아 소지왕은 죽고, 지증왕이 즉위하여 법흥이 태자가 된 것이다.

516년(법흥왕 3) 정월, 그는 몸소 신궁(神宮)에 제사 지냈다. 이 시기 용이 양산(楊山) 우물 안에 나타났다고 한다.

517년(법흥왕 4) 4월, 병부(兵部)를 새로 설치했다.

518년(법흥왕 5) 2월에는 주산성(株山城)을 쌓았다.

520년(법흥왕 7) 정월에는 율령을 반포했다. 그리고 이때부터 모든 관리의 복장에 붉은색, 자주색 등의 색깔을 사용하여 위계(位階)를 표시했다.

521년(법흥왕 8) 양(梁)나라에 사신을 보내 토산물을 바쳤다.

522년(법흥왕 9) 3월, 가야국 왕이 사신을 보내 혼인을 청해 왔다. 법흥왕은 이찬 비조부(比助夫)의 누이를 그에게 시집보냈다. 여기서 대가야라고 여겨지는 가야국이 이 시점을 골라 신라에 혼인을 요청하게 된 배경에 대해서는 『가야왕조실록』에서 다룬 바 있다.

524년(법흥왕 11) 9월, 왕은 새로 개척한 남쪽 변방 지역을 시찰했다. 이때 가야국 왕이 찾아왔으므로 만났다. 신라 측의 입장을 다룬 『삼국사기』 「신라본기」에는 이 이상의 내용이 나타나지 않는다. 하지만 다른 자료를 참고해보면, 백제의 압박을 받던 가야 측에서는 혼인을 빌미로 신라와의 동맹을 강화하고자 했던 것 같다.

525년(법흥왕 12) 2월, 대아찬 이등(伊登)을 사벌주(沙伐州) 군주로 임명했다.

528년(법흥왕 15), 이해 기록에 불교를 도입하게 된 과정과 배경이 고대사 기록치고는 자세하게 나온다. 이 문제는 따로 다루도록 한다. 우여곡절 끝에 불교를 도입한 다음 해인 529년(법흥왕 16), 살생을 금지하는 영을 내렸다.

530년(법흥왕 17) 즈음, 『일본서기』에는 가야와 신라의 혼인에 관한 이야기가 나온다. 그 이야기는 가야왕이 신라의 왕녀와 혼인하여 자식을 낳았다는 이야기부터 시작한다. 그리고 혼인 때 신라가 왕녀를 보낸 상황으로 거슬러 올라가 100명의 시종을 함께 보냈다는 말을 꺼냈다. 가야 측에서는 이들을 받아들여 각 현에 나누어 배치하고 신라의 복장을 입도록 했다. 그렇지만 가야 측 아리사등(阿利斯等)은 '그들이 옷을 바꿔 입은 것'에 분개하여 신라인 시종을 모두 돌려보냈다고 해놓았다. 이렇게만 써 있기 때문에 신라인 시종들이 신라 옷을 입고 왔다가 가야 옷으로 바꿔 입었는지, 그 반대인지 알아보기가 어렵다. 어쨌든 이 사태로 신라가 "부끄러워 다시 왕녀를 불러오고자" 했단다. 그랬더니 가라의 기부리지가(己富利知伽)가 "자식까지 생겼는데 그럴 수 있겠는가"라며 거부 의사를 밝혔다. 여기서 뜬금없는 이야기로 이어지는 『일본서기』의 주특기가 또 발휘된다. 중간 과정에 대한 설명이 전혀 없이, 이 사태를 부끄럽게 여겼던 신라가 "지나가는 길에 도가(刀伽), 고파(古跛), 포나모라(布那牟羅) 3개 성을 함락한 다음, 북쪽변경의 5개 성까지 쳤다"고 해놓았다.

이렇게 두서없이 쓰인 『일본서기』 기록으로 가야와 신라의 혼인동맹 시도가 어떻게 파탄 났는지 일목요연하게 알아보기는 어렵지만 얼개는 그려볼 수 있다. 가야와 백제의 갈등이 심해져가는 가운데, 신라가 가야와 가까워지는 데에 부담을 느꼈던 것 같다. 그래서 복장 문제 같은 사소한 갈등 때문에 신라 시종들이 소환되자, 이를 빌미로 가야와의 혼인동맹을 와해해버리려 한 듯하다.

531년(법흥왕 18) 3월에는 담당 관청에 제방을 수리하라는 명을 내렸다. 4월에는 이찬 철부(哲夫)를 상대등(上大等)으로 삼아 나랏일을 총괄하게 했다. 『삼국사기』에는 "이때 상대등이라는 관직이 처음 생겼고, 지금[고려]의 재상(宰相)과 같다"는 설명을 붙여놓았다.

이때쯤 왜에서 가야를 구원해주기 위해 오후미노케나노오미[근강모야신近江毛野臣]가 파견되었다. 『일본서기』에는 "그가 신라에 남가라와 탁기탄을 재건하도록 권하는 천황의 명을 전했다"고 되어 있다. 그렇지만 신라는 왜의 번국(蕃國: 속국)에 있는 관가를 멸망시켰다는 사실이 찜찜하여 높은 지위에 있는 자를 보내지 않고, 부지나마례(夫智奈麻禮)와 해나마례(奚奈麻禮) 등 미천한 자를 안라로 보내어 조칙을 듣게 했다고 써놓았다. 물론 별 신빙성이 없다는 점은 가야와 백제를 다루면서도 언급한 바 있다.

이때 임나에 파견된 오후미노케나노오미는 웅천(熊川: 어떤 책에서는 임나의 구사모라久斯牟羅)으로 신라와 백제 두 나라의 왕을 불렀단다. 그런데 신라 왕 좌리지(佐利遲)는 구지포례(久遲布禮: 어떤 책에서는 구례이사지우나사마리久禮爾師知于奈師磨利)를 보내고, 백제는 은솔(恩率) 미등리(彌縢利)를 보냈을 뿐 두 왕이 직접 오지 않았다. 그랬다고 오후미노케나노오미가 화를 냈단다. 그래서 겁을 먹은 구지포례와 은솔 미등리는 각자 돌아가 왕에게 알렸다. 이 말을 전해 들은 신라는 다시 상신(上臣) 이질부례지간기(伊叱夫禮智干岐: 어느 책에서는 이질부례지나말(伊叱夫禮知奈末)에게 무리 3,000명을 딸려 천황의 명을 듣겠다고 왔단다. 그런데 여기서 황당한 상황이 벌어졌다. 천황의 명을 듣겠다고 온 신라인 3,000명이 무장을 갖추었다 하여, 6만을 데려왔다는 오후미노케나노오미가 웅천에서 임나의 기질기리성(己叱己利城)까지 도망갔다. 이런데도 이질부례지는 다다라원(多多羅原)에 머물면서 3달 동안이나 칙명을 들려달라고 했지만, 오후미노케나노오미가 끝내 알려주지 않았다는 것이다.

그러던 중 이질부례지가 거느린 병사들이 마을에서 구걸을 하다가 오후미노케나노오미의 종자(從者) 가후치노우마카이노오비토미카리[하내직마사수어首河內直馬飼首御狩]가 있는 곳을 지나게 되었다. 그런데 가후치노우마카이노오비토미카리의 반응이 걸작이다. 그는 다른 사람의 집에 숨어서 구걸하는 병사들이 지나가기를 기다렸다가, 멀리서 주먹을 휘두르며 때리는 시늉을 했다. 구걸하던 병사들이 이를 보고, "석 달이나 기다리며 칙명을 들으려 하는데, 아직도 알려주지 않으면서 사신을 괴롭혔다. 하는 짓을 보니 속임수를 써서 상신(上臣)을 죽이려는 의도를 알겠다"면서 상신에게 일렀다. 그랬더니 이질부례지는 네 촌[금관金官, 배벌背伐, 안다安多, 위타委陁: 어떤 책에서는 다다라多多羅, 수나라須那羅, 화다和多, 비지費智]을 공략한 후, 사람들을 모두 데리고 본국으로 돌아갔다. 이 사태를 보고 어떤 사람은 "네 촌(村)이 공격받은 것은 오후미노케나노오미의 잘못"이라고 했다. 신라와 왜 요인들이 중요한 외교 현안을 두고, 천황의 명령을 전하는 상황에서 이렇게 유치하게 처리했다는 내용 역시 『일본서기』의 수준을 보여주는 한 사례다.

532년(법흥왕 19) 금관국(金官國)의 왕 김구해(金仇亥)가 신라로 귀부(歸附)해 왔다. 『삼국유사』에는 금관가야가 신라에 항복한 시기를 두고 진흥왕 때라고 적혀 있기도 하지만, 이 시기가 정확하지 않다는 식으로 언급하기도 했다. 이때 큰아들 노종(奴宗), 둘째 아들 무덕(武德), 막내아들 무력(武力)도 함께했다. 『삼국유사』에는 가족관계에 대해서도 다른 이야기가 있지만, 정확하지 않은 듯하여 보통 『삼국사기』 기록을 따른다. 법흥왕은 이들을 후하게 대접하고 상등(上等)의 벼슬을 주었으며, 이들의 나라는 식읍(食邑)으로 내려주었다. 이 중에서 각간(角干) 지위까지 이르렀던 무력이 김유신의 할아버지다.

534년(법흥왕 21) 상대등 철부(哲夫)가 죽었다.

536년(법흥왕 23)에는 건원(建元)이라는 연호(年號)를 사용했다. 그러니 이해가 건원 원년이 되는 셈이다.

538년(법흥왕 25) 정월, 지방관이 가족을 데리고 부임하는 것을 허락하는 조치를 취했다.

540년(법흥왕 27) 7월에 왕이 죽었다. 법흥(法興)이라는 시호를 정하고, 애공사(哀公寺) 북쪽 산봉우리에 장사 지냈다.

신라 불교의 기원

신라가 불교를 도입하게 된 기원은 눌지마립간 때 고구려에서 승려 묵호자(墨胡子)가 신라의 일선군(一善郡)으로 넘어온 사건으로 시작된다. 그 고을 사람인 모례(毛禮)는 자기 집 안에 굴을 파서 방을 만들고, 묵호자를 숨겨주었다. 마침 그 때 양나라에서 신라로 파견 온 사신이 의복과 향을 가져왔다. 신라에서는 아무도 그 향의 이름이나 어디에 쓰는 것인지 몰라, 이를 아는 사람을 수소문했다. 이를 알게 된 묵호자는 향의 이름을 알려주면서 설명까지 해주었다. "여기에 불을 붙이면 향기가 나는데, 성스러운 신[신성神聖]에게 정성을 바치는 것이다. 이른바 신성한 것으로는 삼보(三寶)를 최고로 친다. 첫째가 불타(佛陀), 둘째가 달마(達磨), 셋째는 승가(僧伽)다. 이 향에 불을 붙이고 소원을 빌면 반드시 영험(靈驗)이 있을 것"이라 한 것이다.

그 무렵 왕의 딸이 심한 병에 걸려 있었다. 왕이 묵호자로 하여금 향을 사르고 소원을 말하게 하였더니, 그녀의 병이 곧 나았다. 눌지는 매우 기뻐하여 음식과 선물을 많이 내려주었다. 궁궐에서 물러 나온 묵호자는, 하사받은 물건들을 모례에게 주고 작별을 고했다. 이후 그가 간 곳을 알 수 없었다고 한다.

묵호자가 사라진 다음에 소지마립간 때에 이르러, 아도화상(阿道和尙: 아도阿道를 아도我道라고도 썼다)이 시중드는 세 사람과 함께 모례의 집을 찾았다. 묵호자와 비슷한 모습을 한 이들은 몇 년을 그곳에서 살다가 병(病)도 없이 죽었다 한다. 시중들던 세 사람은 머물러 살면서 경(經)과 율(律)을 강독하였는데, 이를 따르고자 하는 자가 가끔 있었다.

그런데 『삼국유사』에서는 아도화상에 대한 이야기가 조금 다르다. 여기서는 아도의 비석에 새겨진 내용을 근거로 아도라는 인물에 대한 설명을 붙여놓았다. 아도는 고구려 여인 고도령(高道寧)에게서 태어났다고 했다.

240년대에 조위(曹魏) 사람 아굴마(我崛摩)가 고구려에 사신으로 왔다가 고도령과 정을 통해[사통私通] 낳은 아이가 아도라는 것이다. 아도가 다섯 살 되던 해에 그의 어머니가 그를 출가시켜, 16세에 위나라에 가서 아굴마를 만나고 현창화상(玄彰和尙)에게 불법(佛法)을 배웠다. 19세가 되어 고구려로 돌아오자, 그의 어머니는 "고구려는 아직까지도 불법(佛法)을 모르지만, 3,000여 달이 지나면 신라에서 성스러운 왕이 나와 불교를 크게 일으킬 것이다. 그러니 신라로 가서 불교를 알리라" 했다. 그 말을 들은 아도가 신라로 간 때가 263년(미추 2)이었다. 그러나 신라에서도 불교를 꺼려 위협을 받았다. 한동안 도망 다니던 그는 신라에 온 다음 해에 기회를 잡았다. 공주가 병이 들었는데, 치료하는 사람이 없자, 아도가 공주의 병을 고쳤던 것이다. 미추왕이 기뻐하며 그의 소원을 묻자 "천경림(天鏡林)에 절을 세워서 불교를 일으키고 나라의 복을 빌기만 바랄 따름"이라 했다. 그 결과 세워진 절이 흥륜사(興輪寺)다. 미추왕이 세상을 떠난 다음 또다시 위협을 받자, 아도는 스스로 무덤을 만든 후 그 속에서 문을 닫고 다시는 나타나지 않았고, 불교도 위축되었다.

그런데 법흥왕이 왕위에 오른 해인 514년(법흥왕 1)에 불교를 일으키려 했으니, 아도가 신라에 왔던 263년(미추 2) 때로부터 252년째가 된다. 『삼국유사』에는 이것이 고도령이 말한 3,000여 달과 맞아 떨어졌다고 본다.

하지만 『삼국유사』 자체에서도 이런 이야기에 문제가 있음이 지적되었다. 양(梁)과 당(唐), 『삼국사기』 등에는 고구려와 백제 두 나라 불교의 시작이 376~96년(동진 말년) 즈음이었다고 되어 있다. 여기에 불교를 전한 순도, 아도 두 법사가 374년(소수림왕 4)에 고구려에 온 것이 분명하니 이 기록은 믿을 만하다는 것이다. 이에 비해 소지왕 때에 아도가 신라에 왔다면, 고구려에서 1백년이나 머물렀다 온 꼴이 되므로 믿기 어렵다는 것이다. 또 신라에서 고구려보다 앞선 시기인 미추왕 때에 불교를 도입하려 했다 보기도 어렵고, 아무리 중간에 위축된 시기가 있었다 하더라도 향의 이름조차도 모를 정도라고 볼 수 없다는 뜻도 밝혔다. 그래서 달마(達磨)를 두고 벽안호(碧眼胡)라 불렀던 사례가 있는 것처럼, 실제로는 묵호자나 아도가 동일 인물이었을 것이라고 보았다. 심지어는 마라난타까지도 이들의 별명 중 하나였을 것이라는 추측도 곁들였다.

이차돈의 순교

어쨌든 신라에서 본격적으로 불교를 도입했던 시기가 법흥왕 때였음은 분명하다. 이때 왕이 불교를 일으키고자 하였으나, 뭇 신하들이 이런저런 불평을 많이 하여 난처한 지경에 이르렀다. 그러자 왕의 가까운 신하 이차돈(異次頓: 또는 처도處道)이 제안을 하나 했다. 자신의 목을 베어 반대 여론을 꺾어버리라는 것이다. 법흥왕은 "도(道)를 일으키고자 하면서 죄 없는 사람을 죽일 수 없다"며 반대했으나, "도를 이룰 수 있다면 죽어도 여한이 없겠다"는 이차돈의 고집을 꺾지 못했다.

이렇게 이차돈과 시나리오를 짜놓은 법흥왕은 신하들을 불러 불교 도입에 대한 논의를 시작했다. 물론 신하들의 반응은 예상대로였다. "중들을 보니 깎은 머리에 이상한 옷을 입고, 괴상한 논리를 펴는 것이 정상적인 도(道)가 아니다. 이를 방치하면 후회할 것이다. 무거운 벌을 받더라도 명을 받들지 못하겠다"는 것이 이들의 논리다.

그러자 이차돈이 나섰다. "이는 잘못된 논리다. 편견에서 벗어나야 한다. 불교가 심오하여 도를 이룰 수 있다 하니, 믿지 않을 수 없다"는 주장을 편 것이다. 법흥왕은 미리 짜놓은 대로 이차돈을 나무랐다. "여론이 기울었는데, 유독 너만 다른 말을 하니 어쩔 수 없다"며 이차돈을 관리에게 넘겨 목을 베게 했던 것이다. 이차돈은 처형당하기 전, 예언 하나를 남겼다.

"나는 불법(佛法)을 위하여 형(刑)을 당하는 것이니, 부처에게 신령스러움이 있다면 반드시 이상한 일이 일어날 것"이라는 내용이다. 그의 목을 베자, 과연 목이 잘린 곳에서 우윳빛처럼 하얀 피가 솟구쳤다. 그래서 이를 보고 겁을 먹은 사람들이 다시는 불교를 헐뜯지 않았다는 것이다. 물론 합리성을 중시하는 『삼국사기』에서 이런 설화를 액면 그대로 믿어야 한다고 생각하지 않은 듯, 약간의 해설을 덧붙여놓았다. 이 내용은 김대문(金大問)의 『계림잡전(鷄林雜傳)』에 의거하여 쓴 것이고, 한나마(韓奈麻) 김용행(金用行)이 지은 『아도화상비(我道和尚碑)』에 남겨진 기록과는 다르다고 해놓았다.

『삼국유사』에서는 이를 두고 다른 해석을 내놓기도 했다. 이때가 천축(天竺)의 달마대사가 금릉에 온 해고, 낭지법사(朗智法師)가 영취산(靈鷲山)에 법장(法場)을 열었던 해이기도 하다는 것이다. 이를 두고 불교의 흥망성쇠도 거리에 상관없이 같은 시기에 서로 감응한다고 해석했다.

그리고 800년대 초반 신라 승려 일념(一念)이 지었다는 「촉향분예불결사문(髑香墳禮佛結社文)」을 인용하여 이차돈의 순교와 비슷한 내용을 적어놓았다. 이는 법흥왕이 왕위에 오른 다음, 동쪽 지역을 살펴보고 말했다는 내용으로 시작한다. "예전에 한명제[漢明帝: 이름 유장劉莊, 후한을 일으킨 광무제光武帝의 넷째 아들로 황제자리를 이었다(재위 57~75)]가 꿈에 감응하여, 동쪽으로부터 불법(佛法)을 도입했다. 그러니 나도 백성들을 위해 복을 닦고 죄를 없앨 곳을 마련하고자 한다"고 했다는 것이다. 그러나 신하들이 이런 생각을 따르지 않자, 왕이 탄식했다.

이럴 때 박씨 성에 염촉(厭髑)이라는 자(子: 이름)를 가진 인물이 나섰다. 염촉은 이차돈의 자로 보는 것이 보통이다. 그의 아버지는 알 수 없지만, 할아버지는 습보갈문왕(習寶葛

文王)의 아들 아진종(阿珍宗)이라고 한다. 당시 22세로서 사인(舍人) 직책에 있던 염촉은 왕의 마음속을 눈치채고, "임금을 위하여 목숨을 바치겠다"고 아뢰었다. 이 뒤에 전개되는 이야기는 『삼국사기』와 약간 다르다. 왕은 무시무시한 형구[풍도상장風刀霜仗]을 갖춰놓고 신하들을 불러 모았다. 그래놓고 "내가 절을 지으려 하는데 일부러 이를 지체시키지 않았느냐?"며 그들을 닦달했다. 왕의 위세에 눌린 신하들이 아무런 대답을 못하자, 왕은 일부러 염촉을 향해 꾸짖었다. 그가 얼굴빛이 변하면서 아무 대답도 하지 않으므로 처형하도록 시켰다. 그의 목을 베자, 흰 젖이 1길이나 솟아올랐다는 이야기는 비슷하다. 이를 두고 임금을 포함한 여러 사람들이 슬퍼했고, 이후로는 불법(佛法)을 믿게 되어 복을 받게 되었다는 것이다. 이런 뒤에 여러 절을 세우게 된 사연이 이어졌다.

여기서 신라부터도 왕실이 앞장서서 불교를 들여왔음을 알 수 있다. 그런데 의식해두어야 할 측면도 있다. 피상적으로만 보자면, 속세를 통치하는 왕실이 굳이 속세에 의미를 두지 않는 불교 도입에 적극적이었던 사실을 이해하기 어려울 수 있다. 하지만 이때 들여온 불교가 형이상학적 철학이 아니라 통치 이념이었다는 점을 의식하면 이해가 될 것이다.

인도에서부터 이른바 '정복 국가 시대'를 뒷받침하는 통치 이념의 필요에 따라 불교가 활용되었다고 보는 것이다. 그래서 삼국시대 초기 불교에서는 '왕이 곧 부처'라는 뜻인 '왕즉불(王卽佛)'이나 전륜성왕(轉輪聖王)처럼 일종의 메시아 같은 존재를 자처하는 설화가 강조되었다. 그러한 측면에서 544년(진흥왕 5) 세운 흥륜사(興輪寺)가 전륜성왕을 상징한 대표적 사찰(寺刹)의 사례라 한다.

새로운 통치 이념으로 불교를 도입해야 했던 의도는 기존에 활용하던 샤머니즘의 한계에서 찾는다. 불교가 도입되기 전에도 하늘의 자손이라는 권위로 통치하기는 했지만, '국가'와 같은 큰 조직을 이끌어 가야 하는 삼국시대 초기 같은 경우에는 한계가 있었다. 그래서 통치 이념으로 '보편타당성(普遍妥當性)'을 가진 '고등 종교와 사상'이 필요했다는 것이다. 신라를 비롯한 한국 고대 국가들에 있어서는 불교가 이러한 역할을 했다.

신라 귀족들이 불교 도입을 반대했던 이유도 불교가 왕권 강화를 위한 수단으로 이용된다는 데 있었다. 불교 도입 반대를 극복하기 위해 이차돈이 순교했다고 할 수 있지만, 이것만 가지고 불교를 뿌리박게 하기는 곤란했다. 그 대책이 기존 신앙과 불교의 융화를 추구하는 것이었다. 승려가 무당의 역할을 대신하고, 샤머니즘 신앙의 상징물과 불교 설화의 것을 일치시켰으며, 신성하다고 여겨지는 장소에 사찰을 세웠다. 이러면서 불교가 점차 전통신앙의 기능을 대치해나갔다. 이를 통해 불교는 왕실 뿐 아니라, 귀족들의 특권을 인정해주는 역할도 하게 되었다. 석굴암(石窟庵) 입구 쪽 벽에 대부분이 브라만교 상징물인 나한(羅漢)과 여래(如來) 등을 새겨놓고, 굴 안에 둥글게 방을 만들어 가운데 석가모니불(佛)을 놓은 것은 일종의 상징이다. 그들을 석가의 제자로 묘사하며, 우주의 한가운데 있는 석가모니가 세상의 중심이자 구심점이라는 메시지를 주려는 것이다. 여기서 석가는 단순히 그 자체를 의미하는 것이 아니라 왕을 상징한다. 즉 석굴암은 왕을 중심으로 한 위계질서를 표현한 것이다. 이를 통해 귀족들을 왕 중심의 위계질서에 편입시키는 동시에 일정한 지위를 보장해주겠다는 뜻을 보인 셈이다. 이렇게 불교를 이용해 국왕 중심의 통치 이데올로기를 확립한 것이다.

제24대 진흥왕

진흥왕의 즉위와 국면 전환

법흥왕의 후계자인 진흥왕(眞興王)이 540년(진흥왕 1)에 즉위했지만, 법흥왕의 친아들은 아니었다. 『삼국사기』에는 법흥왕의 동생이었던 갈문왕(葛文王) 입종(立宗)의 아들이라고 되어 있다. 어머니는 법흥왕의 딸 지소(只召)고, 왕비는 사도부인(思道夫人) 박씨였다. 『화랑세기』에는 진흥왕이 법흥왕의 뒤를 잇게 된 배경에 대한 이야기가 나온다. 법흥왕과 보도부인 사이에서 얻은 딸 지소는 입종공(立宗公)의 부인이되어 진흥왕을 낳았다. 그러나 법흥왕은 위화랑의 딸 옥진궁주를 사랑하여 지소의 아들로 후계자를 삼을 뜻이 없었다. 그래서 비대공을 후계자로 삼을 생각을 가졌다.

이런 지소의 걱정을 위화랑이 해결해주었다. 그가 옥진을 설득하여, 진흥을 태자로 삼게 했다는 것이다. 『화랑세기』에는 이러한 조치가 당시 여론의 지지를 받은 것으로 묘사하고 있다. 덕분에 사도부인까지 무사하게 된 것이 위화랑의 덕이라고 했다. 진흥왕의 이름은 삼맥종(彡麥宗: 또는 심맥부深麥夫)이다. 그는 일곱 살이라는 어린 나이로 즉위했기 때문에, 왕태후(王太后)인 지소태후가 섭정에 나섰다.

여기에는 또 다른 인물도 관련되었다. 바로 미진부(未珍夫)다. 그는 아시공과 삼엽궁주 사이에서 태어났다. 삼엽궁주가 백학을 보는 태몽을 꾸고 미진부를 낳았다 한다. 미진부 역시 잘 생기고 재주가 많아, 법흥왕의 총애를 받았다. 그래서 비대공 등과 함께 궁중에서 자랐다. 미진부 역시 부모가 법흥왕의 후계 문제에 지소태후를 지지하면서, 그녀의 총애를 받게 되었다 한다. 그래서 16살 나이 때부터 태후의 측근 노릇을 했다는 것이다.

진흥왕은 즉위 원년인 540년(진흥왕 1) 8월, 대규모로 사면하고 문·무관(文武官)의 관작(官爵)을 한 등급씩 올려주었다. 인심을 얻는 정책을 취했음에도, 10월에는 지진이 일어났다. 복숭아꽃과 오얏꽃이 피는 이변도 있었다.

541년(진흥왕 2) 봄으로 접어드는 음력 3월에 1자나 되는 눈이 내렸다. 이런 이변을 겪은 후, 이사부(異斯夫)를 병부령 (兵部令)으로 삼고 전국의 군사 업무를 맡겼다. 그리고 백제 에서 보낸 사신을 받아들였다.

544년(진흥왕 5) 2월, 흥륜사(興輪寺)가 완성되었다. 이에 발 맞추어 흥륜사에 대한 지원책을 내놓았다. 다음 달인 3월에 사람들이 승려가 되기 위해 출가하는 일을 허락한 것이다.

545년(진흥왕 6) 7월, 이찬 이사부(異斯夫)가 "역사를 편찬 하자"는 건의를 했다. 이를 받아들인 진흥왕은 대아찬 거칠 부(居柒夫) 등에게 선비들을 모아 국사(國史)를 편찬하라는 명을 내렸다.

548년(진흥왕 9) 2월, 고구려가 예인(穢人)과 함께 백제 독 산성(獨山城)을 공격해 왔다. 백제에서 구원을 청해오자, 진 흥왕은 장군 주령(朱玲)에게 정예병력 3,000명을 주어 보냈 다. 백제와 신라의 연합 작전은 성공을 거두어 많은 전과를 올렸다.

549년(진흥왕 10) 봄, 양나라에서 사신과 입학승(入學僧) 각 덕(覺德)을 통해 부처의 사리(舍利)를 보내왔다. 왕이 신하들 로 하여금 흥륜사 앞길에서 맞이하게 했다.

550년(진흥왕 11) 정월, 백제가 고구려 도살성(道薩城)을 빼 앗았다. 이에 대한 보복으로 3월에는 고구려가 백제의 금현성(金峴城)을 함락했다. 그러자 진흥왕은 거듭되는 공방전에 양쪽이 지친 틈을 이용해, 이찬 이사부가 지휘하는 병력을 통해 2개 성을 빼앗았다. 그리고 이 성들을 보강하고 군사 1,000명을 방어 병력으로 배치했다 한다. 그런데 여기에는 좀 의문이 있다. 바로 다음 해 신라는 백제와 협력하여 한강 지역을 빼앗는 연합 작전을 벌였기 때문이다. 백제가 고구려에게서 빼앗은 성을 신라에 빼앗겼다면 1년도 안되어 고구려를 협공하는 연합이 가능했을지 의문이다. 따라서 이 사건이 일어난 시점이나 배경에 왜곡이 있는 것이 아닌가 하는 의문이 생기는 것이다.

사실 「신라본기」에는 다음 해에 있었던 백제와의 연합 작전이 기록되지 않았다. 그렇지만 '거칠부' 개인에 대한 기록이 담겨 있는 『삼국사기』 「열전(列傳)」에는 그 내용이 나온다. 김씨(金氏)이며 내물왕의 5대손인 거칠부(居柒夫: 또는 황종荒宗)의 할아버지는 각간(角干) 잉숙(仍宿)이고 아버지는 이찬 물력(勿力)이다. 그가 젊었을 때에는 원대한 뜻을 품어 사소한 일에 얽매이지 않았다. 그래서 머리를 깎고 승려가 되어 사방으로 돌아다녔다. 그러던 중 고구려 땅에 들어갔다가, 법사(法師) 혜량(惠亮)의 설법을 듣게 되었다. 혜량은 거칠부가 신라 사람이라는 사실을 알아보고, "장래 장수가 될 관상이고 들키면 위험하니, 빨리 돌아가라"는 충고를 해주었다. 그 말에 이어 "나중에 군대를 끌고 이곳에 오면, 나를 해치지 말아 달라"는 부탁도 했다.

혜량의 충고와 제안을 받아들인 거칠부는 본국으로 돌아와 벼슬길에 나아갔다. 551년(진흥왕 12)에 진흥왕이 거칠부와 대각찬(大角飡) 구진(仇珍), 각찬 비태(比台), 잡찬 탐지(耽知), 잡찬 비서(非西), 파진찬 노부(奴夫), 파진찬 서력부(西力夫), 대아찬 비차부(比次夫), 아찬 미진부(未珍夫) 등 여덟 장군에게 백제와 협력하여 고구려를 침공하라는 명을 내렸다. 이때 백제군들이 먼저 평양(平壤)을 점령하자, 거칠부 등은 그 승세를 이용하여 죽령에서 고현(高峴)에 이르는 10개의 군(郡)을 손에 넣었다는 것이다. 이로 보아 고구려에 대한 당시의 공세는 백제가 주도하고 있었으며, 신라는 이를 이용했을 뿐이라는 사실이 드러난다.

이때 혜량과의 특별한 인연도 중요한 역할을 했다 한다. 법사가 자기의 무리를 이끌고 길거리로 나오니, 거칠부가 말에서 내려 군례로 인사를 올렸다. 혜량은 "고구려가 어지러워 멸망할 날이 얼마 남지 않았다"며 신라로 데려가 줄 것을 요청했다. 거칠부는 그를 진흥왕에게 소개하여 승통(僧統)의 자리를 얻게 해주었다. 이후 백좌강회(百座講會)와 팔관(八關)의 법이 시작되었다. 이러한 일화의 주인공 거칠부는 576년(진지왕 1)에 상대등이 되었다가 향년 78세에 죽었다.

그런데 정작 고구려를 공략했던 551년(진흥왕 12)의 「신라본기」 기록에는 이에 관한 기록이 아주 간단하게 나온다. 이 중요한 사건에 대한 기록보다 별 상관없는 일에 비중을 둔 것이다. 정월에 "연호를 개국(開國)으로 바꾸었다"는 것부터 시작해서 한강 지역 공략과 관련이 적은 내용이 이어진다. 3월에도 왕이 나라를 돌아보다가 낭성(娘城)에 이르러, 우륵(于勒)과 그의 제자 이문(尼文)이 음악을 잘한다는 말을 듣고 그들을 특별히 불렀다는 한가한 내용이 보인다. 진흥왕이 하림궁(河臨宮)에 머물며 이들에게 음악을 연주하게 했더니, 두 사람이 각각 새로운 노래를 지어 들려주었다는 것이다.

그리고 이들의 연주에 이용된 악기 가야금(加耶琴)에 대한 설명이 이어지고 있을 뿐이다. 가야국 가실왕(嘉悉王)이 12달의 음률을 본떠 12줄 현금[十二弦琴]을 만들고, 우륵에게 명하여 곡을 만들게 한 것이 그 시작이다. 그런데 가야가 혼란에 빠지자 우륵이 이때 만들어진 악기를 가지고 신라에 귀순하였고, 그 악기의 이름이 가야금이라는 것이다. 이런 내용이 길게 이어진 다음, 진흥왕이 "거칠부 등에게 고구려 침공을 명하였는데, 승리한 기세를 타고 10개 군을 빼앗았다"는 한 줄이 나온다. 이것이 한강 공략에 대한 「신라본기」 기록의 전부다.

그리고 다음 해인 552년(진흥왕 13), 왕이 "계고(階古), 법지

(法知), 만덕(萬德) 세 사람에게 명하여 우륵에게 음악을 배우도록 했다"는 내용으로 넘어간다. 우륵은 그들의 재능을 감안하여 계고에게는 가야금, 법지에게는 노래, 만덕에게는 춤을 가르쳤다 한다. 이들이 우륵에게 웬만큼 배우자 왕이 그들의 연주를 듣고 "예전 낭성(娘城)에서 들었던 음과 다름이 없다" 하고는 상을 후하게 주었다는 내용으로 이해의 기록을 채우고 있다.

진흥왕 대 신라의 성장

553년(진흥왕 14) 2월에는 황룡사(皇龍寺)를 짓게 된 배경에 대한 기록이 나온다. 진흥왕이 담당 관청에 월성 동쪽에 새 궁궐을 지으라는 명을 내렸는데, 황룡(黃龍)이 그곳에서 나타났다는 것이다. 이를 이상하게 여긴 진흥왕은 계획을 바꿔 절을 짓기로 하고 이름을 황룡사라 지었다고 한다.

그런 다음인 7월, 백제의 동북쪽 변경을 빼앗아 신주(新州)를 설치했다는 간략한 기록이 나온다. 그리고 "아찬 무력(武力)을 군주로 삼았다"는 내용이 추가되어 있을 뿐이다. 이렇게 신라의 배신을 시사하는 내용은 매우 소략하게 기록해놓은 것이다. 사실 배신의 배경을 파고들면, 신라의 입장이 도의적으로 매우 곤란했음을 시사하는 내용도 나온다.『삼국유사』에는 백제가 신라에게 함께 고구려를 치자고 했더니, 진흥왕이 "나라가 흥하고 망함은 하늘에 달려 있는데 내 어찌 고구려의 멸망을 바라겠느냐"라며 거절했다 한다. 그랬더니 이 말을 전해들은 고구려가 감동을 받고 신라와 평화롭게 지냈다 한다.

물론 신라가 백제의 공세를 틈 타 고구려 영토를 빼앗아 간 점을 감안하면, 사실과 다르다는 점은 두말할 필요가 없다. 그런데 왜 이렇게 쉽게 드러날 거짓말을 역사에 남겨놓았는지 생각하면, 또 다른 요소가 얽혀 있음을 추측할 수 있다. 정말 고구려가 진흥왕의 말에 감동을 받아 신라와 평화롭게 지냈을 리는 없다. 그러니 이전까지 백제와 동맹을 맺고 있던 신라가, 갑자기 태도를 바꾼 것은 고구려와 야합해 백제를 배신했다 할 수 있는 것이다.

그래 놓고도『삼국유사』에는 9월에 백제가 신라의 진성 (珍城)을 침공하여 남녀 3만 9,000명과 말 3,000필을 빼앗아 갔다고 해놓았다. 자신의 제안을 거절하고 고구려와 평화롭게 지낸 데 대한 보복이었다는 것이다. 그렇지만『삼국사기』에는 이해 10월 백제 성왕이 딸을 진흥에게 시집보내, 진흥이 "소비(小妃)로 삼았다"는 내용이 나오는 점을 보아 별 신빙성이 없는 듯하다. 전쟁을 벌인 다음에, 침략당한 당사자에게 딸을 시집보냈을 리는 없기 때문이다. 이는 성왕이 진흥왕과 타협하여, 백제의 숙원 사업이던 한강 지역 수복 문제를 해결해보겠다는 의사를 비친 조치라고 해석할 수 있다. 즉 사태를 평화적으로 해결해보려는 의도를 가진 쪽은 배신당한 성왕이었다는 뜻이다. 그런데도 이 부분에 대한 『삼국유사』의 기록은 마치 백제만이 고구려를 침략하려 했고, 평화를 원한 진흥왕이 거부해서 백제의 보복을 받은 것처럼 묘사하고 있다. 그만큼 진흥왕의 배신을 이런 식으로 호도하려는 의도가 보인다.

하지만 배신을 한 진흥왕은 화해할 생각도 없었던 듯하다. 다음 해인 554년(진흥왕 15) 7월, 신라는 명활성(明活城)을 수리하며 전쟁에 대비하는 태세를 보인 점이다. 이해 백제 성왕이 가야와 함께 신라를 침공해 왔다. 이에 대한 묘사는 『삼국사기』 기록들 사이에서도 엇갈린다. 「신라본기」에는 "군주 각간 우덕(于德)과 이찬 탐지(耽知) 등이 맞서 싸웠으나 전세가 불리했는데, 신주(新州) 군주 김무력이 자기 부대를 이끌고 가세하여 비장(裨將) 삼년산군(三年山郡)의 고간 도도(高干都刀)가 백제 왕을 죽이며" 전세가 역전된 것처럼 묘사하고 있다. 그 결과 신라가 크게 이겨, "좌평(佐平) 4명과 군사 2만 9,600명의 목을 베었고, 한 마리의 말도 돌아간 것이 없었다"고 기록해놓은 것이다. 하지만 실제 양상이 그렇지 않았을 것이라는 내용은『백제왕조실록』에서 밝혀놓았다.

백제의 침공을 격퇴한 다음 해인 555년(진흥왕 16) 정월, 진흥왕은 비사벌(比斯伐)에 완산주(完山州)를 설치했다. 10월에는 진흥왕이 북한산을 돌아보며 넓힌 영토를 확인하다가 11월에야 돌아왔다. 그러면서 왕이 지나는 주군(州郡)의 세금은 1년 동안 면제해주고, 그 지역의 죄수 가운데 두 가지 사형죄[이사二死]를 제외하고는 모두 사면해주었다.

이후 진흥왕의 국내 정비 사업이 이어진다. 556년(진흥왕 17) 7월에는 비열홀주(比列忽州)를 설치하고, 사찬 성종(成宗)을 군주로 삼았다. 557년(진흥왕 18)에는 국원(國原)을 소경(小京)으로 삼았다. 이어 사벌주(沙伐州)를 감문주(甘文州)로 개편하고, 사찬 기종(起宗)을 군주로 삼았으며, 신주(新州)를 북한산주(北漢山州)로 개편했다. 그리고 558년(진흥왕 19) 2월에는 귀족 자제(子弟)와 6부의 부유한 백성을 국원소경(國原小京)으로 이주시켰다. 이렇게 국원소경의 인구를 확보하여 개발을 유도한 것이라 할 수 있다. 이즈음 나마(奈麻) 신득(身得)이 포노(砲弩: 화살 발사대)를 만들어 바쳤고, 이것을 성 위에 설치하여 성의 방어력을 보완했다.

이후『삼국사기』에는 몇 년 동안 기록이 나타나지 않는다. 그런데 이 시기『일본서기』에 다소 황당한 기록이 나온다. 560년(진흥왕 21) 9월에 신라가 미지기지(彌至己知) 나말(奈末)

을 왜에 조공 사절로 보냈다는 것이다. 이때 신라 사신에 대한 향응과 하사품이 평상시보다 많자, 나말이 기뻐하며 한마디 했단다. "조공 바치는 사신이 백성의 운명이 달려 있는 역할을 하는데도, 사람들이 뒤에서 경멸합니다. 그래서 미천한 사람을 쓰는 바람에 폐해가 크니 좋은 집안의 자제를 뽑아야 한다"라 했다는 것이다.

그리고 다음 해에는 신라가 구례질급벌간(久禮叱及伐干)을 보냈다. 보통 나말을 보낸 데 비하면 사신의 지위를 파격적으로 높여 보낸 셈이지만, 정작 왜에서는 평상시보다 소홀하게 대접했다. 그래서 신라 사신은 분통을 터뜨리며 돌아갔다. 같은 해에 다시 노저대사(奴氐大舍)를 보내 지난번 전달하지 않았던 물품을 바쳤다. 이번에는 나말보다 한 등급 더 떨어뜨린 지위의 사신을 보냈다.

그러자 이번에도 왜 측에서 여러 번국(그들이 지칭한 속국?)들의 서열을 매겼는데, 사신을 접대하는 왜의 관리 누카타베노무라지[액전부련額田部連]와 가쓰라기노아타이[갈성직葛城直] 등이 신라를 백제보다 아래 등급으로 대우했다. 그래서 이번 신라 사신 역시 화가 나서 돌아갔다. 그는 관사에도 들어가지 않고 배를 타고 돌아가다 아나토[혈문穴門]에 이르렀다. 이때 이 지역 관사가 수리 중인 것을 보고, 신라 사신은 "어떤 손님을 위해 짓는가?"라고 물었다. 그러자 작업을 하던 가후치노우마카이노오비토오시가쓰[하내마사수압승河內馬飼首押勝]가 "서방(西方)의 무례를 문책하러 보낼 사자가 머무를 숙소다"라고 거짓말을 하였고, 신라 사신은 돌아가 그 말을 보고했다. 그래서 신라는 아라(阿羅)의 파사산(波斯山)에 성을 쌓고 왜의 침략에 대비하였단다.

신라의 대가야 병합

562년(진흥왕 23)에는 중요한 사건이 거푸 일어났다. 7월에 백제가 변방을 침략해 와 그들을 격퇴했다. 이 과정에서 백제군 1,000명을 죽이거나 사로잡았다. 9월에는 가야 역사에 종지부를 찍는 사건이 일어났다. 「신라본기」에는 가야가 반란을 일으켜 신라 측에서 진압한 것으로 묘사되어 있다. 진흥왕이 이사부(異斯夫)를 총사령관으로, 사다함(斯多含)을 부장(副將)으로 임명하여 토벌을 시켰다는 것이다. 이에 대해서는 『가야왕조실록』에 자세한 내용을 다루었으므로 생략한다.

단지 이때 가장 큰 공을 세운 사다함에 관한 이야기 정도는 보충해놓을 필요가 있을 듯하다. 사실 사다함을 선봉에 내세운 것은 상당히 위험한 모험이었다. 『삼국사기』에 나오는 사다함의 당시 나이가 15세 또는 16세였기 때문이다. 장본인은 참전하고 싶다고 졸라댔지만 주변에서 어리다고 들어주지 않았을 정도였다. 그런데도 참전할 수 있었던 것은 왕에게 직접 부탁해서 허락을 얻어냈기 때문이다. 제대로 된 전투 경험이나 지휘 경험이 있을 턱이 없는 소년에게, 지금의 여단급에 해당하는 병력의 지휘를 맡긴 것이다. 병력 규모가 적은 당시로서는 지금보다 훨씬 병력 의존도가 컸을 텐데, 그것도 최초의 교전을 벌일 선발대의 지휘권을 맡겼다. 게다가 적을 코앞에 둔 국경에서 병력까지 나누었다.

이는 정상적인 전술에서는 생각하기 어려운 발상이다. 그럼에도 불구하고 사다함을 내세운 이유가 있었다. 이사부는 대가야의 저항이 없을 것이라고 확신했던 듯하다. 「열전」 '이사부 편'을 보면, 국경에서 말을 동원한 행사를 자주 벌여 상대를 안심시켜놓고 기습하여 이웃나라를 정복해버렸던 "거도(居道)의 꾀를 답습했다"는 말이 나오는 점도 이를 시사한다. 이런 상황에서는 공연히 적의 매복과 반격을 예상하고 시간을 끌다가 타이밍을 놓쳐 버리는 수가 있다. 그래서 차라리 아무 것도 모르니까 시킨 것밖에 못하는 사다함을 내세웠을 수 있다.

그리고 사다함에 대한 배려가 작용했을 것이다. 사다함은 내물왕의 7세손에 아버지는 급찬 구리지(仇梨知)인 진골 귀족이다. 그는 어려서부터 따르는 낭도가 많았고, 12살 때 문노(文弩)에게 검을 배웠다 한다. 사다함이 억지로 참전하기를 청한 데에는 가문에 걸맞은 전공을 세워야 한다는 부담감도 없지는 않았을 것이다. 사실 신라 귀족 집안은 전쟁에서 공을 세우기 위해 아들을 희생시키는 일도 잦았다. 그러니 비교적 수월하게 전공(戰功) 기회를 잡으려 애쓰는 것이 이상할 것도 없다. 진흥왕이 처음에는 허락하지 않다가 결국 태도를 바꾼 것도 가문이 걸린 문제일 것이다. 이사부의 배려 역시 같은 차원에서 해석할 수 있다. 사실 신라 사회가 이런 식으로 진골에게 기회를 몰아주었기 때문에 반발도 있었다. 이러한 사례는 나중에 다루기로 한다.

이 작전이 성공적으로 끝난 다음 사다함은 상으로 받은 토지와 포로에 욕심을 부리지 않았다. 진흥왕이 좋은 토지와 포로 200명(「열전」에는 가라加羅 사람 300명)을 주었으나 사다함이 세 번이나 사양했다는 것이다. 그래도 왕이 강력하게 권하자, 그는 일단 상으로 받은 포로를 풀어주어 양민으로 돌려보내고, 토지도 군사들에게 나눠주었다. 단지 왕이 강력하게 권하는 바람에 알천(閼川)의 쓸모없는 땅만 청했다 한다.

좋은 집안에서 풍족하게 자라난 사다함이 가문 유지에 필요한 전공을 얻은 다음 굳이 욕심을 부려 인심을 잃을 필요를 느끼지 않았을 것이다. 어린 나이에도 처세를 잘했다 할 수 있지만, 그가 오래 살지는 못했다. 무관랑(武官郞)과 절친하게 지내며 생사를 같이하기로 약속하였는데, 그가 병으로 죽어버린 것이다.『화랑세기』에는 무관랑이 죽은 이유를 좀 다르게 적고 있다. 사다함의 어머니와 정을 통하다가, 낭도들의 눈총을 받게 되었다는 것이다. 사다함은 무관랑과 어머니의 관계를 문제 삼지 않았으나, 입장이 곤란해진 무관랑이 도망가려 밤에 궁의 담을 넘다가 해자에 빠져 죽었다고 한다. 그렇게 무관랑을 잃게 된 사다함은, 매우 슬프게 울다가 7일 만에 17세의 나이로 죽었다.

그런데『일본서기』에는 신라의 대가야 공략이 전혀 다른 각도로 기록되어 있다. "정월에 신라가 임나 관가를 공격하여 멸망시켰다"고 해놓은 것이다. 게다가 '어떤 책'까지 들먹이며 이보다 2년 전에 "임나가 멸망했다고 한다"는 말을 덧붙여놓았다. 그런데 여기서 임나에 중요한 시사점을 발견할 수 있는 기록이 나온다. '통틀어 말하면 임나고, 개별적으로 말하면 가라국(加羅國), 안라국(安羅國), 사이기국(斯二岐國), 다라국(多羅國), 졸마국(卒麻國), 고차국(古嵯國), 자타국(子他國), 산반하국(散半下國), 걸손국(乞湌國), 임례국(稔禮國) 등 모두 10개 나라다'라는 말을 남겨놓은 것이다. 이를 통해 임나가 10개 정도의 나라가 모여 만든 연맹체임을 시사한다.

여기까지는 비교적 단순한 사실에 대한 기록이라고 할 수 있지만, 이어지는 내용에서는 『일본서기』의 주특기가 또 발휘된다. 이해 6월의 기록에 천황이 조칙을 내렸다 했다.

"서쪽의 작고 보잘 것 없는 오랑캐인 신라가 하늘과 우리의 은혜를 저버리고 우리의 관가를 무너뜨려 우리 백성들에게 피해를 주었다. 우리 거룩하고 총명한 진구황후는 신라가 궁지에 빠져 귀의한 것을 불쌍히 여겨서, 목을 베려던 신라왕을 살려주고 번영하게 해주었다. 그런데도 신라는 임나를 침공해 잔인하게 사람들을 해쳤으니, 태자와 대신들은 충성을 다하여 간악한 역적을 처형하라"고 명했다는 것이다. 물론 이런 명령이 실행되었다는 내용은 『일본서기』에조차 나오지 않는다.

오히려 이 직후인 7월 1일에 신라가 사신을 보내어 조공을 바쳤다고 한다. 그리고 이때 왔던 신라 사신은 신라가 임나를 멸망시킨 사실이 왜의 은혜를 저버린 것이라 부끄러워 돌아가지 않았다는 것이다. 왜에서는 이들을 왜 백성과 동등하게 대우해주었단다. 이들의 후손이 사사라노코오리[경황군 更荒郡] 우노노사토[로자야읍鸕鷀野邑]에 살고 있다고 기록해 놓았다.

진흥왕 대 왜의 신라 침공?

이렇게 양심적인(?) 신라 사신이 있었음에도 불구하고, 왜에서는 신라가 임나를 공략한 점에 대해 문책하고자 같은 달에 대장군(大將軍) 기노오마로노스쿠네[기남마려숙녜紀男麻呂宿禰]가 지휘하는 부대를 다리[치리哆唎]에서, 부장군(副將軍) 가하헤노오미니헤[하변신경부河邊臣瓊罐]가 지휘하는 부대는 거증산(居曾山)에서 출발시켰단다. 이 부대가 임나에 도착하자, 고모쓰메베노오비토토미[천집부수등미薦集部首登弭]를 백제에 보내 전략을 짰다.

그런데 이때 해프닝이 일어났다. 처가에 묵고 있던 고모쓰메베노오비토토미가 봉인된 서신을 활·화살과 함께 길에 떨어뜨리는 바람에, 이를 입수한 신라가 왜의 작전을 모두 알아차리고 대규모 병력을 모았다는 것이다. 그런데도 신라는 계속 패하여 투항하기를 빌었단다. 이렇게 승리한 기노오마로노스쿠네는 부대를 돌려 백제의 군영으로 돌아와 일장 연설을 했다. "이겨도 방심하지 말라"는 간단한 이야기를 장황하게 늘어놓았는데도 병사들이 신뢰하고 복종하였단다.

그런데 『일본서기』의 해괴한 서술은 계속된다. 신라가 항복해 왔다고 해놓고, 가하헤노오미니헤 홀로 전투를 계속하는데 싸우는 곳마다 모두 함락했다는 것이다. 그래서 이미 항복했던 신라가 다시 항복했단다. 그런데 이렇게 연전연승을 거둔 가하헤노오미니혜가 원래 병법을 알지 못하여 쓸데없이 신라 진영으로 백기를 들고 혼자 갔다는 것이다. 이를 본 신라 장군이 "가하헤노오미니혜가 지금 항복하려고 한다"고 하면서 반격을 했다. 이때 신라군이 정예 병사로 빠르게 공격해 오는 바람에 선봉부대의 피해가 매우 심했다.

선봉 부대가 이런 상황에 처하자, 야마토노쿠니노미야쓰코테히코[왜국조수언倭國造手彦]는 아군을 구하기 어렵다고 판단하여 병사들을 버리고 달아났다. 신라 장군은 손에 갈고리창을 쥐고 성 주위의 해자까지 뒤쫓아왔다. 야마토노쿠니노미야쓰코테히코가 날랜 말을 타고 해자를 뛰어 넘어 간신히 도망가자, 신라 장군은 해자에서 탄식하며 왜인들이 알아들을 수 없는 신라 말로 탄식하는 바람에 『일본서기』에는 "구수니자리(久須尼自利)"라고 적어놓았다.

퇴각한 가하헤노오미니혜는 부랴부랴 진영을 짜려 했지만, 그렇게 연전연승했다는 부대의 병사들이 자기네 지휘관을 업신여기며 명령을 따르려 하지 않았다 한다. 그 바람에 신라 장군이 진영으로 난입해서 가하헤노오미니혜는 물론 그를 따라 왔던 부인까지 사로잡았다. 이렇게 가하헤노오미니혜를 생포한 신라 장군은 그에게 "너의 목숨과 부인 가운데 어느 쪽이 중요한가?"라고 물었단다.

가하헤노오미니헤의 대답은 "목숨보다 중요한 것은 없다"였고, 그러면서 자기 부인을 신라장군의 첩으로 삼도록 허락했다. 그래서 신라 장군이 그 부인을 훤한 벌판에서 강간하였단다. 나중에 부인이 돌아오자 가하헤노오미니헤는 대화를 시도했지만, 부인은 "나의 몸을 쉽게 팔아놓고 무슨 낯으로 만나려 하느냐"며 끝내 승낙하지 않았다. 이 부인이 사카모토노오미[판본신坂本臣]의 딸, 우마시히메[감미원甘美媛]란다.

이에 비해 같이 포로가 되었던 쓰키노키시이키나[조길사이기나調吉士伊企儺]는 매우 용감했다고 전한다. 신라 장군이 칼을 빼서 목을 베려다가, 억지로 잠방이를 벗기고 엉덩이를 일본 쪽으로 향하게 해놓고, "일본 장군은 내 엉덩이를 깨물어라."라고 크게 소리치라고 강요했다. 그러자 쓰키노키시이키나는 "신라 왕은 나의 엉덩이나 먹어라."라고 크게 소리질렀다. 이 때문에 곤욕을 치렀으나 똑같은 소리를 지르다가 죽었다. 이때 그의 아들 오지코[구자舅子]도 아버지를 안고서 죽었다. 쓰키노키시이키나가 이렇게 충직했기 때문에 여러 장수들이 애석해했단다. 이때 그의 아내 오바코[대엽자大葉子]도 함께 사로잡혔는데, 그녀는 이런 상황에서 "가라쿠니[가라구이柯羅俱爾]의 성 위에 서서 오바코는 영건(領巾: 여자가 목부터 어깨까지 걸치는 얇은 장식용 천)을 흔들고 있네요, 일본을 향해서"라며 슬프게 노래를 불렀단다. 그랬더니 어떤 이가 "가라쿠니의 성 위에 서서 오바코가 영건을 흔들고 있는 것이 보인다, 나니와를 향해서"라고 화답했다는 것이다.

그런데 이렇게 충돌을 빚고 왜 장군을 욕보인 신라가 11월에도 사신을 보내어 조공품을 바쳤단다. 그리고 이 사신 역시 신라가 임나를 멸망시킨 것을 분하게 여기고 있어 감히 돌아가기를 청하지 못하다가, 본국에서 처벌을 받을까 두려워 돌아가지 않았다 한다. 이 역시 왜 백성과 같은 대우를 받으며 쓰노쿠니[섭진국攝津國] 미시마노코오리[삼도군三嶋郡] 하니이호[식려埴廬]에 자리 잡고 후손을 남겼던 것이다.

『일본서기』에 뭐라고 되어 있건, 이후에 『삼국사기』 등에는 중원의 제국과 교류 기록을 중심으로 무난한 내용이 이어진다. 564년(진흥왕 25)에는 북제(北齊)에 조공 사절을 보냈다. 그 답으로, 565년(진흥왕 26) 2월에는 북제의 무성황제(武成皇帝)가 진흥왕을 사지절(使持節) 동이교위(東夷校尉) 낙랑군공(樂浪郡公) 신라 왕(新羅王)으로 삼겠다는 조서(詔書)를 보냈다.

8월에는 아찬 춘부(春賦)에게 국원(國原) 방어 책임을 맡겼다. 9월에는 완산주를 대야주(大耶州)로 바꿨다. 이즈음 중국 남조의 진(陳)에서 사신 유사(劉思)와 승려 명관(明觀)을 파견하여, 불교 경론(經論) 1,700여 권을 보내주었다.

566년(진흥왕 27) 2월, 기원사(祇園寺)와 실제사(實際寺) 두 절을 지었다. 황룡사도 이때 완성되었다 한다. 그리고 왕자 동륜(銅輪)을 태자로 삼았다. 또 지난해 진(陳)나라에서 사신을 보내준 답으로 신라 사신을 보내 토산물을 바쳤다. 이는 다음 해인 567년(진흥왕 28) 3월에도 반복되었다.

568년(진흥왕 29) 연호를 태창(太昌)으로 바꿨다. 그리고 6월, 또 진나라에 사신을 보냈다. 10월에는 북한산주를 남천주(南川州)로, 비열홀주를 달홀주(達忽州)로 개편했다. 570년(진흥왕 31) 6월과 571년(진흥왕 32)에도 연거푸 진나라에 사신을 보냈다.

그런데 『일본서기』에는 진흥왕 32년에 해당하는 571년 3월 5일에 사카타노미미코노이라츠키미[판전이자랑군坂田耳子郎君]를 신라에 사신으로 보내어 임나를 멸망시킨 이유를 물었다고 되어 있다. 그리고 긴메이천황[흠명천황欽明天皇]이 죽으면서, 태자에게 "이후의 일을 너에게 맡긴다. 반드시 신라를 쳐서 임나를 복원하라"는 유언을 남겼다. 그런데 8월 1일, 이렇게 천황에게 한을 품게 한 신라에서 조문사 미질자실소(未叱子失消) 등을 보내어 빈소에서 천황의 죽음을 애도했다 한다. 그리고 이번에 왔던 미질자실소 등은 왜에 남지 않고 왔던 달에 돌아갔다는 것이다.

572년(진흥왕 33) 정월에 연호를 홍제(鴻濟)로 바꾸었다. 그런데 3월에 태자 동륜이 죽었다. 그래도 북제(北齊)에 조공 사절을 파견했다. 10월 20일에는 전쟁에서 죽은 사졸을 위하여, 외곽의 절에서 7일 동안 팔관연회(八關筵會)를 열었다.

574년(진흥왕 35) 3월에 황룡사에 장륙상(丈六像)을 만들었다. 이를 위해 소모된 구리의 무게가 3만 5,007근이고 도금한 금의 무게가 1만 198푼이었다 한다. 『일본서기』에는 이해 11월, 신라에서 조(調)를 바쳤다고 되어 있다.

575년(진흥왕 36) 봄·여름에 걸쳐 가뭄이 들었다. 그러자 황룡사 장륙상이 눈물을 흘려 발꿈치에까지 이르렀다 한다. 이 시기 『일본서기』에는, 신라가 임나(任那)를 복원해주지 않아, 비다쓰천황[민달천황敏達天皇]이 황자와 대신(大臣)에게 "임나의 일을 게을리 하지 말라."는 명을 내렸다고 되어 있다. 이런 맥락에서 4월 6일, 왜에서는 기시노카네코[길사금자吉士金子]를 신라에, 기시노이타비[길사목련자吉士木蓮子]를 임나(任那)에, 기시노오사히코[길사역어언吉士譯語彦]를 백제에 사신으로 보냈다. 그랬더니 6월, 신라가 작년에 이어 사신을 보내 평소보다 많은 조(調)를 바쳤다 한다. 다다라(多多羅)·수나라(須奈羅)·화타(和陀)·발귀(發鬼) 네 읍(邑)의 조(調)까지도 신라가 바쳤다는 것이다.

화랑도의 설치

『삼국사기』에는 576년(진흥왕 37) 봄, 신라 역사에 한 획을 그은 조직의 설치에 대한 이야기가 나온다. 그것이 바로 화랑도(花郞徒)다. 『삼국사기』에서는 그 시작이 원화(源花)에서 비롯되었다고 했다. 이러한 조직은 인재를 알아볼 필요 때문이라고 되어 있다. 그래서 무리를 지어 놀게 하고, 그때의 행실을 살펴본 다음에 발탁해 쓰고자 했다는 것이다.

처음에는 이러한 목적을 이루기 위한 구심점으로 2명의 미녀를 골랐다 한다. 이렇게 선택된 남모(南毛)와 준정(俊貞)을 중심으로 300여 명의 무리를 모았다. 그런데 이 체제는 곧바로 문제를 일으켰다. 서로에 대한 질투가 심해진 끝에, 준정이 일을 꾸몄다. 남모를 자기 집에 끌어들여 억지로 술을 먹여 취하게 만든 후 강물에 던져 죽인 것이다. 이 사건으로 준정이 사형에 처해지자, 일껏 모아놓은 무리들도 흩어지고 말았다.

『화랑세기』에는 이 배경이 좀 더 자세히 나온다. 먼저 삼산공(三山公)의 딸 준정이 원화가 되었지만, 백제 보과공주(宝果公主)와 법흥왕 사이에서 나온 딸 남모공주가 끼어들었다. 남모는 아시공의 아들 미진부(未珍夫)와 사랑하는 사이였다. 그런데 지소태후는 미진부를 총애하고 있었다. 이런 인

연으로 태후가 남모를 원화로 삼으려 후원하게 되었다.

이에 비해 법흥왕은 옥진궁주와 가까운 영실공(英失公)을 총애하고 있었다. 준정은 바로 이 영실공을 섬기면서 남모를 견제했다. 그런데 바로 이 영실을 태후가 좋아하지 않아 심하게 견제하고 있었던 것이다. 그래서 준정을 원화에서 물러나게 했다. 이에 더하여 태후는 위화랑의 낭도까지 남모에게 보태주었다. 이러한 상황을 보며 질투를 느낀 준정이 남모에게 술을 먹여 물에 빠뜨려 죽였다는 것이다. 이 사실을 남모의 낭도들이 폭로하는 바람에 준정이 사형당하게 되었다는 얘기다.

사태가 이렇게 되자, 지소태후도 원화를 고집할 수 없게 되었다. 그래서 대안으로 선택된 것이 잘생긴 남자를 화랑(花郎)이라 이름 붙인 구심점으로 삼아 다시 무리를 모으는 것이었다. 이들이 곳곳에 있는 산과 물을 찾아 노니는 과정에서 인성을 알게 되어, 조정에 천거하는 방식으로 인재를 등용했다. 이로 인하여 훌륭한 인재가 많이 등용되었다 한다. 그러나 화랑도는 기존의 선도와 차이가 있다는 점도 밝혀놓았다. 선도가 신(神)을 받드는 일에 주력하는데 비해, 화랑도는 신라의 주요 귀족들이 입단하여 도의(道義)를 강조하고 자신들의 단결을 도모하는 동시에 인재를 검증하는 수단도 되었다는 뜻이다.

그래서 김대문의 『화랑세기(花郎世記)』에, "훌륭한 참모와 충신, 장수와 용감한 병졸이 이로부터 생겼다"는 말이 기록되어 있다. 화랑은 선도(仙徒)라 하면서, 신라에서 신궁神宮을 받들고 하늘에 대제大祭를 지내는 것을 연(燕)의 동산(桐山)·노(魯)의 태산(泰山)과 같다고 해놓았다. 그 기원 역시 옛날 연부인(燕夫人)이 선도를 좋아하여, 미인을 많이 모아 만든 국화(國花) 풍습이 들어와 원화(源花)부터 시작되었다고 했다. 그 원화를 지소태후(只召太后)가 폐지하고 화랑을 설치했다는 것이다. 『화랑세기』뿐 아니라, 최치원의 「난랑비(鸞郎碑)」서문과 당나라 영호징(令狐澄)의 『신라국기(新羅國記)』에도 화랑도를 간략하게 언급한 기록이 나온다.

『화랑세기』에는 화랑(花郎)이라는 말의 기원에 대한 언급도 있다. 이는 법흥왕이 위화랑을 가까이 하게 된 결과, 그의 이름을 따서 원화의 대안으로 만든 조직의 이름으로 삼았다는 것이다. 지소태후 역시 권력을 잡아 화랑을 설치하여, 그 우두머리에 풍월주(風月主)라는 이름을 붙이고 위화랑을 그 자리에 앉혔다 한다. 그리고 다음 풍월주 자리는 총애했던 또 다른 화랑 미진부로 이어졌다. 미진부는 묘도를 아내로 맞이하여 미실낭주(美室娘主)와 미생랑(美生郎)을 낳았다. 미실은 진흥왕 뿐 아니라 나중에 진평왕까지 모셨다 한다. 미진부는 지소태후의 총애가 뜸해지자 전쟁에 나아가 큰 공을 세웠고, 딸 미실이 총애를 얻은 다음에는 각간의 지위까지 얻었다.

지금 알려진 『화랑세기』에는 바로 위화랑이 나중에 이 책을 쓰게 된 김대문 선조라고 되어 있다. 이와 함께 위화랑에서 김대문까지 이어지는 계보가 나타난다. 오도부인이 낳은 옥진궁주와 금진부인(金珍夫人)이 위화랑의 장녀와 차녀다. 옥진은 영실공(英失公)에게 시집갔으나, 곧 법흥왕의 사랑을 받아 비대공(比臺公)을 낳았다. 법흥왕이 비대공을 태자로 삼으려고 했을 때, 위화랑은 자신의 외손자를 왕위에 올리려 하는 것임에도 이를 말렸다고 한다. 자신의 딸이 '영실과 함께 살았다고 하지만 골품이 낮아 안 된다'는 취지였다.

법흥이 죽자 지소태후는 비대공의 왕자 지위를 낮추었다. 비대공의 딸 개원궁주(開元宮主)는 동륜태자(銅輪太子)를 섬겨 아들을 두었다. 위화랑과 준실부인(俊室夫人) 사이에서는 이화랑(二花郎)이 태어났다. 준실부인은 자비왕의 외손 계통으로 수지공(守知公)의 누이다. 그녀는 아름다우면서도 문장에 능했다. 처음에는 법흥왕의 후궁(後宮)이었으나 아들이 없었고, 위화랑에게 시집가서 이화랑을 낳은 것이다. 이화랑 역시 어머니를 닮아 준수한 외모를 가졌으면서도 문장에 능했다.

지소태후는 이화랑을 총애하여 늘 곁에 두었다. 그런데

태후의 딸 숙명궁주(叔明宮主)가 이화랑을 좋아하게 되어 둘이 도망가 아들을 낳았으니, 그가 바로 원광법사(圓光法師)다. 그 원광의 동생 보리(菩利)가 바로 김대문의 증조라는 것이다.

이렇게 화랑도를 설치한 해에, 안홍법사(安弘法師)를 수나라에 파견했다는 기록도 나온다. 그가 수나라에서 불법을 배우고 호승(胡僧) 비마라(毗摩羅) 등 두 승려를 데리고 돌아와, 능가경(稜伽經)과 승만경(勝鬘經) 그리고 부처의 사리를 바쳤다는 것이다.

이런 업적을 이룬 이해 8월에 진흥왕이 죽었다. 장례는 애공사(哀公寺) 북쪽 산봉우리에서 치렀다. 『삼국사기』에는 진흥왕이 "어린 나이에 즉위하여 한결같은 마음으로 불교를 받들었고, 말년에는 머리를 깎고 승복을 입었으며 스스로 법운(法雲)이라 칭하다가 죽었다"는 점을 강조하고 있다. 그의 왕비 또한 이를 본받아 비구니가 되어 영흥사(永興寺)에 머물다가 죽었다. 그녀 역시 예를 갖추어 장사 지냈다 한다.

제25대 진지왕

576년(진지왕 1), 진흥왕의 뒤를 이은 인물은 그의 둘째 아들 사륜(舍輪: 또는 금륜金輪)이다. 그가 진지왕(眞智王)이다. 태자인 동륜(銅輪)이 일찍 죽었기 때문에 그가 왕위에 오른 것이다. 『화랑세기』에는 동륜이 보명궁주(宝明宮主)와 정을 통하려고 혼자 나섰다가 큰 개에게 물려 죽었다고 한다. 진지왕의 어머니는 사도부인(思道夫人), 왕비는 지도부인(知道夫人)이다. 그는 왕위에 오른 직후 이찬 거칠부를 상대등(上大等)으로 삼아 국정을 맡겼다.

577년(진지왕 2) 2월, 진지왕은 직접 신궁에 제사를 지내고 대규모 사면령을 내렸다. 이해 10월에는 백제가 서쪽 변방의 주와 군에 침입해 왔다. 진지왕은 이찬 세종(世宗)을 지휘관으로 하는 군대를 보내어, 일선군 북쪽에서 백제군 3,700여 명을 죽이는 전과를 올렸다. 그런 다음 내리서성(內利西城)을 쌓았다.

578년(진지왕 3) 7월에 진(陳)나라에 조공 사절을 보냈다. 그리고 백제에게 알야산성(閼也山城)을 내주었다. 이후에도 백제의 압력은 더해졌다.

579년(진지왕 4) 2월 백제가 웅현성(熊峴城)과 송술성(松述城)을 쌓아 산산성(蒜山城), 마지현성(麻知峴城), 내리서성으로 통하는 길을 막았던 것이다. 이러던 7월 17일에 진지왕이 죽었다. 그는 영경사(永敬寺) 북쪽에 장사 지냈다. 『일본서기』에는 이런 상황에서 신라가 10월, 나말(奈末) 지질정(枳叱政)을 보내어 조(調)와 함께 불상(佛像)을 보냈다고 되어 있다.

그런데 『화랑세기』에는 진지왕이 단순하게 죽은 것이 아니라, 폐위당했다는 이야기가 나온다. 문제의 핵심은 미실이었다. 신라시대 기준으로도 좀 방탕한 축이었던 미실은 여러 남자와 정을 통했고, 태자 시절의 금륜태자 즉 진지왕도 그 중 하나였다. 정을 통하던 금륜은 왕위에 오르면 미실을 왕비로 삼기로 했으나, 막상 왕위에 올라보니 미실에 대한 여론이 좋지 않았다. 여기에 다른 여자도 생겨 미실에 대한 총애도 식어버리자, 미실이 사도태후와 함께 낭도들을 동원하여 진지왕을 폐위시키고 진평왕을 즉위시켰다는 것이다. 그러면서 미실이 조정에 대한 영향력을 확대했다 한다.

그리고 정사 기록에 별로 없는 진지왕에 대해, 『삼국유사』에는 관련된 설화가 좀 있다. 진지왕이 도화랑(桃花娘)이라는 사량부 출신 미인을 범하고자 왕궁으로 불렀다는 데에서 이야기가 시작된다. 그러나 도화랑은 두 남자를 섬길 수 없다고 버티었다. 자신을 죽인다고 해도 안 된다던 도화랑은 "남편이 없으면 되느냐"는 물음에는 그렇다고 대답했고, 그 말을 들은 진지왕은 그녀를 풀어주었다. 그런 뒤 진지왕은 폐위당한 다음 죽었고, 그 2년 후에 도화랑의 남편도 죽었다.

그런데 한참 시간이 지난 어느 날 밤중에 진지왕이 도화랑의 방에 들어와 "이제 남편이 없어졌으니, 그리 되면 동침할 수 있다는 말을 지키라"고 했다 한다. 물론 죽은 다음에 왔으니 귀신이라고 할 수밖에 없을 것이다. 어쨌건 귀신에도 놀라지 않은 도화랑이 쉽게 요구를 들어주지 않고 부모에게 이 문제를 의논했는데, 도화랑의 부모는 "임금의 말이니 거부할 수 있겠느냐"면서 귀신이 된 진지왕의 방에 도화랑을 들여보냈다. 이렇게 하여 진지왕이 머무르던 7일 동안 늘 오색구름이 집을 덮고 향기가 방안에 가득했다 한다. 7일후에는 진지왕의 자취가 사라지고, 도화랑은 임신을 했다. 천지가 진동을 하는 가운데 낳은 사내아이가 바로 비형(鼻荊)이라는 것이다.

제26대 진평왕

진평왕의 즉위와 신라 사회의 분위기

진지왕의 뒤를 이어 진평왕(眞平王)이 579년(진평왕 1)에 즉위했지만, 이 계승 과정에서는 파란이 있었다. 이를 시사해주는 첫 번째 단서가 진평왕이 진지왕의 친아들이 아닌 진흥왕의 태자 동륜(銅輪)의 아들이었다는 점이다. 물론 진지왕에게 아들이 없었다면 문제가 달랐겠지만, 그에게는 용수·용춘이라는 아들이 있었다. 그런데도 조카에게로 왕위가 넘어간 것이다. 이는 진지왕의 짧은 집권시기와도 무관하지 않다. 이는 그가 자연스럽게 왕위에서 물러난 것이 아니라,

몰려난 것임을 시사할 수 있기 때문이다.

진평왕의 어머니는 갈문왕 입종(立宗)의 딸 김씨 만호부인(萬呼夫人: 또는 만내萬內)이고, 왕비는 갈문왕 복승(福勝)의 딸 김씨 마야부인(摩耶夫人)이다. 진평왕은 태어날 때부터 기이한 용모에 키가 컸다 한다.『삼국사기』에서는 그만큼 뜻도 깊고, 지혜가 밝아 사리에 통달했다는 논조로 서술하고 있다. 그의 이름은 백정(白淨)이다.

그는 즉위한 해 8월에 이찬 노리부(弩里夫)를 상대등으로 삼았다. 그리고 친동생 백반(伯飯)을 진정갈문왕(眞正葛文王)으로, 국반(國飯)을 진안갈문왕(眞安葛文王)으로 봉했다.

580년(진평왕 2) 2월, 몸소 신궁에 제사 지냈다. 그리고 이찬 후직(后稷)을 병부령으로 삼았다. 이를 시작으로 내부 개혁에 나섰다.『일본서기』에는 이해 6월에 신라가 나말(奈末) 안도(安刀)와 실소(失消)를 보내어 조(調)를 바쳤는데, 무슨 일이 있었는지 받지 않고 돌려보냈다고 한다. 그런데 2년 후인 582년(진평왕 4) 10월에도 똑같은 내용이 나오는데, 이는 같은 일이 되풀이된 건지,『일본서기』가 같은 내용을 두 번 적은 것인지는 불확실하다.

581년(진평왕 3) 정월,『삼국사기』에는 고려의 이부(吏部)에 해당하는 위화부(位和府)를 설치했다는 기록이 나온다. 그리고 583년(진평왕 5) 정월에도 선박관계의 업무를 담당하는 부서(船府)를 설치하고, 이 업무를 맡아볼 대감(大監)과 제감(弟監) 각 1명씩을 두었다. 『일본서기』에는 이해 7월, 비다쓰 천황이 또다시 임나 부흥에 노력해야 한다고 대책을 세우라 했다는 내용이 나타난다. 그래서 백제에 가 있던 니치라[일라 日羅]를 데려오려 했는데, 자세한 이야기는 『백제왕조실록』에서 다룬 바 있다.

584년(진평왕 6) 2월에는 연호를 건복(建福)으로 바꾸었다. 그리고 다음 달인 3월에 조부(調府)에 영(令) 1인을 두어 조세에 관한 문제를, 승부(乘府)에 영 1인을 두어 수레에 관한 일을 맡아보게 했다.

이렇게 관료 체제에 대한 개혁을 실행해 나가던 585년(진평왕 7) 2월 8일, 『일본서기』에는 나니와노키시노이타비[난파 길사목련자難波吉士木蓮子]를 신라에 사신으로 파견하여, 마침내 임나에 도착했다고 되어 있다. 이런 이야기와는 상관없이 이해 3월, 신라에는 가뭄이 들었다. 진평왕은 가급적 정전(正殿)에 나가기를 피하고, 평상시에 먹는 반찬 가짓수를 줄였으며, 남당(南堂)에 나아가 죄수의 정상을 직접 살피며 민심 수습에 나섰다. 이러던 7월, 고승(高僧) 지명(智明)이 불법(佛法)을 배우러 진(陳)나라에 들어갔다. 586년(진평왕 8) 정월에도 예부(禮部)에 영 2인을 보강했다. 그런데 5월에는 천둥과 벼락이 치고 별이 비 오듯이 떨어지는 이변이 일어났다.

그런데 587년(진평왕 9) 7월, 좀 이채로운 내용이 보인다. 대세(大世)와 구칠(仇柒) 두 사람이 바다로 떠났다는 것이다. 대세는 내물왕의 7세손 이찬 동대(冬臺)의 아들이다. 『삼국사기』에는 그가 자질이 뛰어났음에도, 어려서부터 세속을 떠날 뜻이 있었다고 소개되어 있다.

이런 성향을 가지고 있던 그는 승려 담수(淡水)와 사귀며 놀던 어느 날 속을 털어놓았다. "신라의 산골에 살다가 일생을 마친다면, 못 속의 물고기와 새장의 새가 넓은 세상을 모르는 것과 무엇이 다르겠는가? 나는 바다를 건너 오월(吳越)에 가서 스승을 찾아 도를 물으려 한다. 그대도 나를 따를 수 있겠는가?"라 했다.

담수가 이를 받아들이지 않자, 대세는 그와 결별하고 구칠(仇柒)을 만났다. 이들이 함께 남산의 절에 놀러 갔을 때, 갑자기 바람이 불고 비가 오면서 뜰에 고인 물에 나뭇잎이 떨어졌다. 이를 본 대세가 구칠에게 "그대와 함께 서쪽으로 유람할 마음이 있는데, 각자 나뭇잎 하나씩을 집어 누구의 것이 먼저 가고 뒤에 가는지를 보자"고 했다. 대세의 잎이 앞서 가는 것을 보고 "내가 먼저 갈까 보다."고 하니, 구칠이 화를 내며 "나 또한 남자인데 어찌 나만 못 가겠는가!"고 대답했다. 이렇게 의기투합한 두 사람은 남해(南海)에서 배를 타고 떠나갔다고 한다.

이 이야기 자체는 자신만의 낭만에 빠진 신라인 한두 명의 이야기에 불과할 수도 있다. 하지만 당시 신라 사회의 분위기를 시사해주는 측면도 무시할 수 없다. 이는 비슷한 시기에 활동했던 설계두(薛罽頭: 설薛을 살薩자로도 썼다)라는 인물의 행적에서도 같은 맥락을 엿볼 수 있기 때문이다. 설계두 역시 대세와 마찬가지로 신라 귀족 가문의 자손으로 지배층에 속한 인물이었다. 그런데 그가 신라의 골품제에 가지는 태도가 의미심장하다. 친구 네 사람과 함께 모여 술을 마시면서, 설계두가 털어놓았다는 말에서 골품제에 대한 그의 생각이 드러났던 것이다.

"신라에서는 인재 등용에 골품을 따지기 때문에, 재주가 뛰어나고 큰 공을 세워도 그 한계를 넘을 수가 없다. 나는 중국[중화국中華國]으로 가서 세상에서 보기 드문 지략으로 특별한 공을 세워 스스로의 힘으로 높은 관직에 올라 천자의 측근이 되고 싶다"고 한 것이다. 실제로 그는 621년(진평왕 43)에 몰래 바다를 건너 당나라에 들어갔다.

그는 당에서 좌무위(左武衛) 과의(果毅) 벼슬을 받고, 당 태종의 고구려 정벌에 참전했다. 그리고 주필산(駐蹕山) 전투에서 용감하게 싸우다가 죽었다. 그의 활약을 보고받은 당 태종은 그가 누구인지 궁금해했다. 그리고 "신라 사람 설계두"라는 답을 듣자 눈물을 흘리면서 "우리나라 사람도 죽음을 두려워하여 앞으로·나아가지 못하는데, 외국인으로서 우리를 위해 목숨을 바쳤으니 어떻게 그 공을 갚을까?"했다 한다. 그리고는 그의 소원을 물어 자신의 옷[어의御衣]를 벗어 덮어주고 대장군의 관직을 주며 예로서 장례를 치러주었다.

이와 같이 골품제에 불만을 가지고 있던 인물에 대한 기록이 없지 않은 편이다. 그래서 상대적으로 더 개방적인 중국으로 가서 출세하려 했던 것이다. 당시 신라에서는 전쟁에서 공을 세워 출세할 기회가 많았다지만, 그런 기회조차 일부 귀족들에게 집중적으로 주어진 듯하다. 사다함의 경우가 바로 이런 상황을 시사해준다.

588년(진평왕 10) 12월, 상대등 노리부가 죽어, 이찬 수을부(首乙夫)를 그 자리에 앉혔다.

589년(진평왕 11) 3월, 원광법사(圓光法師)가 불법(佛法)을 배우러 진나라에 들어갔다. 7월에는 나라 서쪽에 홍수가 나서 민가 3만 360호가 떠내려가거나 물에 잠겼고, 200여 명이 죽었다. 왕은 사람을 보내 그들을 진휼했다.

591년(진평왕 13) 2월, 영객부(領客府)에 영(令) 2명을 보강했다. 7월에는 둘레가 2,854보 짜리 남산성(南山城)을 쌓았다. 이해 『일본서기』에는 8월 1일, 스슌[숭준崇峻]천황이 신하들에게 임나(任那) 복원의 뜻을 밝혔고, 신하들은 지당하다고 결의를 했다는 내용이 보인다. 그래서 11월 4일에 기노오

마로노스쿠네[기남마려숙녜紀男麻呂宿禰], 고세노사루노오미
[거세원신巨勢猿臣], 오토모노쿠히노무라지[대반설련大伴囓連],
가즈라키노오나라노오미[갈성오내량신葛城烏奈良臣]를 뽑아서
대장군(大將軍)으로, 여러 씨족을 거느리는 신련(臣連)을 비
장(裨將)으로 삼아 부대를 편성했다 한다. 이렇게 모은 2만여
명의 군사를 각각 거느리고, 쓰쿠시[축자筑紫]에서 대기하며,
기시노카네[길사금吉士金]를 신라로, 기시노이타비[길사목련자
吉士木蓮子]를 임나에 보내서 임나에 관한 일을 물었다는 것
이다.

593년(진평왕 15) 7월에는 명활성의 둘레가 3,000보에 달
하게 보강했고, 둘레가 2,000보에 달하는 서형산성(西兄山城)
도 쌓았다.

594년(진평왕 16), 수나라 황제가 진평왕을 상개부(上開府)
낙랑군공(樂浪郡公) 신라 왕(新羅王)으로 임명한다는 조서를
보내왔다.

596년(진평왕 18) 3월, 담육(曇育)이 불법을 배우러 수나라
에 들어갔고 이 시기 신라 사신도 파견되어 토산물을 바쳤
다. 10월에는 영흥사에 불이 났다. 이 불길이 번져 350채의
집이 불타 진평왕이 직접 진휼에 나섰다. 597년(진평왕 19) 삼
랑사(三郞寺)가 완성되었다.

그런데 「열전」 '김후직(金后稷) 편'에는 이러한 분위기와

조금 다른 내용이 나타난다. 그는 지증왕의 증손(曾孫)으로, 진평왕 때 이찬이 되고 병부령(兵部令)에까지 임명된 인물로 소개되고 있다. 그러한 그가 사냥을 지나치게 좋아하는 진평왕을 말렸다 한다. 여러 차례 이런 뜻을 밝혔는데도 왕이 그의 말을 받아들이지 않자, 그는 죽음을 맞이할 즈음에, 세 아들에게 유언을 남겼다.

"신하가 되어 임금의 나쁜 행동을 바로잡지 못했으니, 죽은 다음 내 뼈를 왕이 사냥 다니는 길가에 묻어 달라"는 내용이었다. 아들들이 그대로 따랐는데, 이후 왕이 사냥을 나가던 어느 날 "가지 마시오!"라는 말이 들리는 것 같았다 한다. 왕이 소리가 나는 곳을 물으니, 시종이 '후직의 무덤'을 가리키며 김후직의 유언을 알려주었다. 그러자 왕이 눈물을 흘리며 반성하고 다시는 사냥을 하지 않았다고 한다.

『일본서기』에는 이해 597년(진평왕 19) 11월 22일, 기시노이와카네(길사반금吉士磐金)를 신라에 파견했다고 한다. 그리고 기시노이와카네가 이듬해 신라에서 돌아와 신라가 까치 2마리를 바쳤다고 했다가, 같은 해 8월 1일에는 신라가 공작을 1마리를 바쳤다고 해놓았다.

치열해진 고구려·백제와의 분쟁

600년(진평왕 22) 이전에 수나라 유학을 떠났던 원광이, 이 시기 사신으로 파견되었던 조빙사(朝聘使: 조공을 바치기 위해 중국으로 간 사신) 나마 제문(諸文)과 대사 횡천(橫川)을 따라 돌아왔다. 그런데 『일본서기』에는 뜬금없이 이해 2월에 신라와 임나가 서로 싸웠다는 기록이 나온다. 천황이 임나를 구하려고 사카이베노오미[경부신境部臣]를 대장군으로, 호즈미노오미[수적신穗積臣]를 부장군으로 하는 1만여 명의 부대를 이끌고 신라를 치려했다. 그래서 즉시 바다를 건너 신라의 5성을 공략하였단다. 그러자 신라 왕은 굴복한 다음, 다다라(多多羅), 소나라(素奈羅), 불지귀(弗知鬼), 위타(委陀), 남가라(南迦羅), 아라라(阿羅羅) 6성을 내주고 항복을 청했다는 것이다. 그런데 왜의 장군들은 뜬금없이 "죄를 깨닫고 항복한 신라를 구태여 공격하는 것은 좋지 못하다"라며, 천황에게 이 뜻을 알렸단다.

이런 의견을 듣고도 천황은 다시 나니와노키시미와[난파길사신難波吉士神]를 신라에, 나니와노키시이타비[난파길사목련자難波吉士木蓮子]를 임나에 각각 파견하여 사정을 조사하도록 했단다. 그러자 신라와 임나 왕이 각각 사신을 보내어 조(調)를 바쳤고, 상표문을 올려 "지금부터 서로 싸우지 않고, 배의 키[타舵]가 마를 사이 없이 해마다 조공을 바치겠다"라고 했단다. 그래서 인정 많은 천황이 사자를 보내어 장군을 소환하였는데, "장군들이 신라에서 돌아오자 신라는 또 임나를 침공했다"고 적어놓은 것이 이 시기 『일본서기』 기록이다.

그래서 다음 해 고구려와 백제에 사신을 보내 "급히 임나를 구하라"는 명령을 내렸다고 한다. 이 명령의 결과에 대한 기록은 없이, 9월 8일에 신라의 간첩 가마다(迦摩多)가 대마도에 도착했다는 말이 나온다. 그를 즉시 잡아 바치자 천황은 그를 가미쓰케노쿠니(상야국上野國)에 유배를 보냈고, 11월 5일에 신라를 공격할 논의를 시작했단다.

그래서 다음 해인 602년(진평왕 24) 2월 1일, 구메노미코[내목황자來目皇子]를 지휘관으로 하는 2만 5천 명의 군대를 편성했다. 이 부대가 4월 1일에 쓰쿠시[축자筑紫]에 도착해 시마노코오리[도군嶋郡]에 주둔하면서 선박과 군량을 모았다. 그러나 6월 구메노미코가 병에 걸려 신라 정벌은 실행에 옮기지 못했다고 해놓았다.

물론 『삼국사기』에는 그런 이야기가 한 줄도 나오지 않는다. 이해에는 대나마(大奈麻) 상군(上軍)을 수나라에 사신으로 보내 토산물을 바쳤다는 내용으로 시작하고 있을 뿐이다. 이렇게 수나라와의 관계를 다져가던 8월, 백제가 아막성(阿

莫城: 막莫자는 모暮로도 썼다)을 공략해 왔다. 신라 측에서 백제 군을 맞아 싸우는 과정에서 귀산(貴山)과 추항(箒項)이 활약 하다가 죽었다. 이들은 사량부(沙梁部) 사람으로 어렸을 적부 터 친구였다. 「열전」에는 이들이, 마침 수(隋)나라에서 귀국 했던 원광법사에게서 세속오계(世俗五戒)를 배웠다고 되어 있다.

백제가 아막성을 공격해 오자, 신라 측에서는 파진간 건 품(乾品)·무리굴(武梨屈)·이리벌(伊梨伐), 급간 무은(武殷)·비 리야(比梨耶) 등을 지휘관으로 하는 부대를 파견했다. 이때 귀산과 추항도 소감(少監) 지위로 참전했다. 이 전투에서 백 제 측은 천산(泉山)의 물가로 퇴각해 매복하고 있다가 신라 군을 기습하는 작전을 썼다. 이 작전에 말려든 신라군은 물 러나야 했다. 그런데 부대의 배후를 보호하던 귀산의 아버지 무은이, 백제군이 던진 갈고리에 걸려 말에서 떨어졌다. 이 광경을 본 귀산과 추항이 아버지를 구출하여 자기 말에 태 워 보낸 뒤, 적병 수십 명을 죽이며 분전했다. 이 덕분에 신 라군은 백제군을 격파했지만, 귀산과 추항은 전투과정에서 전사하고 말았다.

이 소식을 보고 받은 진평왕은 여러 신하들과 함께 아나 (阿那)의 들판에서 이들의 시신을 맞이하여 장례를 치르게 하고, 귀산에게는 나마를, 추항에게는 대사(大舍)를 내려주었다. 백제와의 전쟁이 끝난 9월, 지명이 수나라에 사신으로 갔던 상군을 따라 돌아왔다. 진평왕은 그에게 대덕(大德) 지위를 내려주었다.

603년(진평왕 25) 8월, 이번에는 고구려가 북한산성을 공략해 왔다. 진평왕은 몸소 군사 1만 명을 이끌고 그들을 막았다.

이해에도 『일본서기』에는 지난해의 이야기가 이어진다. 2월 4일에 구메노미코가 쓰쿠시에서 죽어 이 사실을 천황에게 알렸더니, 천황이 대단히 놀라 황태자와 소가노오오미[소아대신蘇我大臣]를 불러 "구메노미코가 큰일을 맡았는데 죽어 일을 수행할 수가 없게 되었으니 슬픈 일이다"라며 스와[주방周芳]의 사바(娑婆)에 빈소를 차렸다.

그리고 하지노무라지이테[토사련저수土師連猪手]를 파견하여 장례를 담당하게 했다. 이 때문에 이테노무라지[저수련猪手連]의 자손을 사바노무라지[사바련娑婆連]라 부른다고 했다. 구메노미코의 시신은 나중에 가후치[하내河內]의 하뉴노야마[식생산埴生山] 언덕 위에 묻었다. 그리고 4월 1일, 구메노미코의 형 다기마노미코[당마황자當摩皇子]를 다시 신라를 정벌할 지휘관으로 삼았다.

다기마노미코는 7월 3일, 나니와[난파難波]에서 배로 출발해 6일 하리마[파마播磨]에 도착했다. 그때 또 일이 황당하게 꼬였다. 다기마노미코를 따라왔던 부인 도네리노히메미코

[사인희왕舍人姬王]가 아카시[적석赤石]에서 죽었다. 그러자 다기마노미코는 어렵사리 출발시켰던 정벌군을 팽개치고 되돌아왔단다. 이 때문에 신라를 정벌하지 못했다는 것이다.

이런 사실에 대해서는 한마디 말이 없는『삼국사기』에는 604년(진평왕 26) 7월, 대나마 만세(萬世)와 혜문(惠文) 등을 조공 사절로 수나라에 파견한 내용으로 채운다. 그리고 남천주를 북한산주로 환원시켰다는 내용이다.

605년(진평왕 27) 3월, 담육이 작년에 사신으로 수나라에 갔던 혜문을 따라 돌아왔다. 8월에는 백제를 침공했다.

608년(진평왕 30) 고구려의 침공에 시달리던 진평왕은, 수나라를 이용하여 난국을 타개하려는 계획을 세웠다. 이를 위해 고구려를 쳐 달라 요청하는 걸사표(乞師表)를 수나라에 보내려 했다. 이 걸사표를 원광에게 짓게 했더니, 원광이 이렇게 말하고 걸사표를 지었다 한다. "자기 살기를 구하여 남을 멸하는 것은 승려로서의 행동이 아니나, 저[빈도貧道]는 대왕의 땅에서 살고 대왕의 물과 풀을 먹고 있으니 어찌 감히 명을 따르지 않겠습니까?"

진평왕의 우려대로 고구려의 압력은 줄어들지 않았다. 2월 고구려가 북쪽 변방에서 8,000명을 사로잡아 갔다. 4월에는 고구려에게 우명산성(牛鳴山城)을 빼앗겼다.

609년(진평왕 31) 정월, 모지악(毛只嶽) 아래의 땅에 불이

났다. 그 넓이가 4보(步), 길이가 8보, 깊이가 5자였다 한다. 이 불이 10월 15일에야 꺼졌다고 기록되어 있다.

『일본서기』에는 진평왕 32년에 해당하는 610년, 그렇게 정벌하겠다고 난리치던 신라 사신이 임나 사신과 함께 왜로 왔다는 기록이 나온다. 이해 7월에 신라 사신 사탁부(沙喙部) 나말 죽세사(竹世士)와 임나 사신 탁부(喙部) 대사(大舍) 수지매(首智買)가 쓰쿠시에 도착했다는 것이다. 그래서 9월, 천황이 사자(使者)를 보내 이들을 불렀고, 이들은 10월 왜의 수도에 도착했단다.

이렇게 정벌하려 했던 신라 사신을 왜의 수도로 불렀다면서도, 이 시기 『일본서기』에는 이전에 있었던 문제에 대해서는 한마디 말도 없이 사신을 누가 대접했느냐에 대해서만 장황하게 적어놓았다. 이날 누카타베노무라지히라부[액전부련비라부額田部連比羅夫]를 신라 사신을 영접하기 위한 장식마[식마飾馬]의 장(長)으로 삼고, 가시와데노오미오토모[선신대반膳臣大伴]를 임나 사신을 영접하는 장식마의 장으로 삼았다고 한 것이다. 그리고 사신들은 아토[아두阿斗] 강변에 있는 숙사에서 쉬게 해주었다.

9일에 사신들이 조정에서 천황을 만날 때, 하타노미야쓰코카와카쓰[진조하승秦造河勝]와 하지노무라지우사기[토사연土師連菟]에게 신라 사신의 안내역으로, 하시히토노무라지

시호후타[간인련염개間人連鹽蓋]와 아헤노오미오호코[아페신대롱阿閉臣大籠]를 임나 사신의 안내역으로 삼았다는 말이 이어진다. 이들을 남문으로 인도하여 뜰 안에 세우고 오토모노쿠이노무라지[대반사련大伴咋連]·소가노토유라노에미시노오미[소아풍포하이신蘇我豊浦蝦夷臣] 사카모토노아라테노오미[판본강수신坂本糠手臣], 아헤노토리코노오미[아배조자신阿倍鳥子臣] 등이 맞았다 한다. 17일에 조정에서 가후치노아야노아타히니혜[하내한직지河內漢直贄]에게 신라 사신을, 니시코리노오비토쿠소[금직수구승錦織首久僧]에게 임나 사신의 영접을 맡겨 향응을 베풀어주었다. 그리고 23일에 사신들이 영접받고 돌아갔다는 것이 내용의 전부이다.

611년(진평왕 33), 진평왕은 수나라에 사신을 보내 고구려 정벌을 요청하는 표(表)를 올렸다. 이외에도 여러 가지 요인이 작용했겠지만, 수 양제(煬帝)는 실제로 고구려 정벌에 나섰다. 그러나 10월, 이번에는 백제가 가잠성(椵岑城)을 공격해 왔다. 가잠성 공략은 100일이나 계속되어 결국 성은 함락되었고, 전 해에 이 성의 현령(縣令)으로 임명되었던 찬덕(讚德)이 분전 끝에 전사했다.

『일본서기』에는 이해 8월에도 신라는 사탁부 나말(奈末) 북질지(北叱智)를, 임나는 습부(習部) 대사(大舍) 친지주지(親智周智)를 함께 조공 사절로 파견했다고 적어놓았다.

613년(진평왕 35), 봄에 가뭄이 들고, 여름으로 접어드는 음력 4월에 서리가 내렸다. 7월, 수나라 사신 왕세의(王世儀)가 왔다. 이들을 원광 등의 법사(法師)와 함께 맞이하여 황룡사에서 백고좌회(百高座會)를 열고 불경을 강설했다.

614년(진평왕 36) 2월, 사벌주를 일선주로 개편한 다음, 일길찬 일부(日夫)를 군주로 삼았다. 그리고 이때 즈음 영흥사의 흙으로 만든 불상이 저절로 무너지더니, 얼마 안 있어 출가해 있던 진흥왕비가 죽었다.

615년(진평왕 37) 2월, 3일 동안 이어지는 큰 잔치를 열고, 여기에 술과 음식을 내려주었다. 그런 뒤인 10월에 지진이 일어났다.

그런데 『일본서기』에는 이런 와중인 616년(진평왕 38) 7월에 신라가 나말(奈末) 죽세사(竹世士)를 파견하여 불상을 바쳤다고 적어놓았다. 그랬건 말건 10월에는 백제가 모산성을 공격해 왔다.

618년(진평왕 40), 북한산주 군주 변품(邊品)이 가잠성 탈환 작전에 나섰다. 이때 활약했다는 해론(奚論)에 대한 이야기가 남아 있다. 그는 백제가 611년(진평왕 33) 가잠성을 공략해 왔을 때 이를 맞아 싸우다 전사했던 모량(牟梁) 출신 찬덕(讚德)의 아들이다. 610년(진평왕 32)에 가잠성 현령이 된 찬덕은, 백제군의 공격에 맞서 싸웠다. 신라 측에서도 포위를 뚫기 위해 구원에 나섰던 상주, 하주, 신주(新州)의 부대를 출동시켰다. 하지만 이 부대는 백제군에 밀려 철수해버렸다. 이를 보고 "의리 없는 행동"이라 분개하면서도 찬덕은 끝까지 성을 지키려 했다. 그러나 식량을 비롯한 물자가 떨어지며 결국 성은 함락될 지경에 이르렀다. 그러자 찬덕은 "죽어 귀신이 되어 백제인을 다 물어 죽이고 이 성을 되찾게 하겠다"며 자살했다. 그러고 나서 성은 함락되었다.

그의 아들인 해론의 나이 20여 세 때, 이러한 아버지 공으로 대나마가 되었다. 이해에 금산(金山) 당주(幢主)가 된 해론은 한산주 도독 변품(邊品)과 함께 가잠성 공략에 나섰다. 백제에서도 소식을 듣고 이곳으로 군대를 보냈다. 해론 등은 백제군을 맞아 싸웠다. 이때 해론은 "나의 아버지가 숨을 거두신 곳이 여기고, 나 역시 백제인과 싸우다 오늘 죽을 것이다'라 하고 용감하게 싸우다 죽었다. 진평왕이 이를 듣고 눈물을 흘리며 그 가족들을 후하게 도왔다. 당시 진평왕을 비롯하여 많은 사람들이 슬퍼했다고 기록되어 있다.

621년(진평왕 43) 7월, 진평왕은 당나라에 조공 사절과 함께 토산물을 보냈다. 당 고조는 직접 신라 사신을 접대하고, 그 답으로 통직산기상시(通直散騎常侍) 유문소(庾文素)를 신라로 파견했다. 그러면서 조서(詔書)와 그림병풍, 채색비단 300단(段)도 보내주었다.

그런데 『일본서기』에는 이해에 신라가 왜에 나말 이미매 (伊彌買)를 조공 사절로 파견했다고 적어놓았다. 이때부터 신라 사신이 상표문(上表文)을 올리기 시작한 듯하다는 말까지 남겨놓았다. 물론 진실인지는 의문이다.

622년(진평왕 44) 정월, 왕이 몸소 황룡사를 찾았다. 그리고 2월에는 이찬 용수(龍樹)를 내성 사신(內省私臣)으로 삼았다. 진평왕이 즉위한 지 7년 되면서 대궁(大宮)·양궁(梁宮)·사량궁(沙梁宮) 세 곳에, 개인적으로 관리하는 신하[사신私臣]을 두었는데, 이때 내성사신(內省私臣) 한 사람으로 하여금 세 궁(宮)의 일을 통합하여 관리하도록 한 것이다.

임나와 관련된 신라와 왜의 갈등?

623년(진평왕 45) 정월에 병부에 대감(大監) 2인을 보강했다. 10월에는 당나라에 조공 사절을 보냈는데, 이 시기 즈음 백제가 늑노현(勒弩縣)을 습격해 왔다. 『일본서기』에는 이해 7월에도 신라가 대사 나말 지세이(智洗爾)를, 임나가 달솔 나말(達率奈末) 지(智)를 함께 파견했다고 적어놓았다. 이때 불상 1구 및 금탑과 사리, 큰 관정번(灌頂幡) 1구와 작은 번(幡: 부처와 보살의 위덕과 무량한 공덕을 나타내는 깃발 비슷한 것. 불교에서 계를 받아 불문에 들어갈 때 정수리에 물을 끼얹는 의식이 관정 의식이고 이때 쓰이는 번이 관정번) 12개를 보내왔다 한다. 이때 신라에게서 받은 불상은 가즈노[갈야葛野]의 우즈마사데라[진사秦寺]에 두고, 사리와 금탑·관정번 등은 모두 시텐노지[사천왕사四天王寺]에 두었다.

그런데 이렇게 신라와 임나 사신이 사이좋게 조공품을 바쳤다고 한 직후, 신라가 임나를 토벌해서 복속시켰다는 기록이 나온다. 그래서 또 천황이 신라를 토벌하려고 의견을 들었단다. 이때 다나카노오미[전중신田中臣]는 "신중하게 사정을 확인하는 것이 우선"이라는 입장이었던 데 비해, 나카토미노무라지쿠니[중신련국中臣連國]는 "우리의 내관가(內官家)인 임나를 신라가 점령하게 놔둘 수 없다"며 "임나를 되찾아 백제에게 귀속시켜야 한다"는 주장을 폈다. 이렇게 백제에 이해할 수 없을 만큼의 인심을 쓰자는 주장에 대해, 다나카노오미는 "백제는 배신을 잘 하는 나라이니, 백제에 귀속시키는 것은 잘못"이라 해서 신라 정벌을 중지시켰단다.

그래서 기시노이와카네[길사반금吉土磐金]를 신라에, 기시노쿠라지(길사창하吉土倉下)를 임나에 파견하여 사정을 알아보는 것으로 결론이 난 것이다. 그랬더니 신라 임금이 8명의 대부(大夫)를 파견하여 신라의 사정을 기시노이와카네에게, 임나의 사정을 기시노쿠라지에게 아뢰었다고 한다. 그러면서 "작은 나라지만, 천황에 의탁한 나라를 어찌 신라가 경솔하게 가지겠는가. 지금처럼 내관가로 놔둘 테니 걱정 말라"고 약속했다고 적어놓았다. 이어 나말 지세지(智洗遲)로 하여금 기시노이와카네를, 임나인 달솔 나말 지(遲)로 하여금 기시노쿠라지를 따라가게 하여 양국의 조(調)를 바쳤단다.

그런데 왜는 기시노이와카네 등이 귀국하기도 전에 왜에서는 신라를 정벌하려 수만의 군대를 보냈다. 그때 기시노이와카네 등이 항구에서 배를 출발시키기 위해 바다의 형편을 살피고 있었다. 하필 이때 왜가 보낸 배와 군사가 바다를 덮으며 들어오고 있었다. 이를 본 신라와 임나 사신이 멀리서 이 꼴을 보고 겁이 나서 되돌아갔단다. 그런데 신라는 이렇게 황당한 꼴을 당하고서도, 다시 감지대사(堪遲大舍)를 '임나조(任那調)' 바칠 사신으로 삼아 보냈다고 한다.

이에 기시노이와카네 등은 "이렇게 군대를 보내는 것은 약속에 어긋나는 것이고, 이래서는 이번에도 임나의 일을 처리할 수 없다"며 귀국해버렸다. 기시노이와카네 일행은 이렇게 무책임하게 일처리도 하지 않고 귀국해버렸는데, 신라 정벌에 동원된 다른 장군들은 임나에 도착하자 새삼스럽게 신라를 습격하려 의논을 했단다. 그러자 신라 왕은 왜군이 많이 왔다는 말을 듣고 겁이 나서 항복을 청하였고, 왜의 장군들은 의논하여 천황에게 보고해서 항복 허락을 받았단다.

11월에 기시노이와카네 일행이 신라에서 귀국하자, 왜의 대신(大臣)이 상황을 물었다. 그래서 "신라가 두려워하며 조(調)를 바치려는데, 정벌군이 오는 것을 보고 조공 사절은 돌아가 버리고 조공품만 바쳤다"고 대답했다. 이 말을 들은 대신은 "너무 일찍 군대를 파견한 것이 후회스럽다"라는 반응을 보였다.

그런데 이 사태를 두고 왜에서 돌았다는 말이 걸작이다. "이번 정벌이 이렇게 된 원인은 사카이베노오미[경부신境部臣]와 아즈미노무라지[아담련阿曇連] 때문이다. 이들은 신라에서 많은 뇌물을 받아 돌아왔다. 그런데도 이들은 대신을 충동질해서 사신의 귀국을 기다리지도 않고 정벌군을 보냈다"는 말이 나돌았다. 보통은 뇌물을 받으면 준 쪽의 입장을 비호하게 마련이다. 그런데 사카이베노오미와 아즈미노무라지는, 뇌물 준 신라가 해명할 사신을 보내기도 전에 정벌해버리라고 대신을 충동질을 했다는 것이다. 상식적으로 납득하기 어려운 논리를 이렇게 당당하게 남겨놓은 것이 일본 최초의 정사(正史)라는 『일본서기』다.

그러고도 이 뒤에 또 다른 이야기를 덧붙여놓았다. 기시노이와카네가 신라에 사신으로 갔을 때, 배가 항구에 도착하자 장식을 두른 배 한 척이 해변에 영접을 나왔단다. 기시노이와카네가 "어느 나라의 영접선이냐"고 물으니, "신라의 배"라는 답이 나왔다. 그랬더니 기시노이와카네 "어찌하여 임나의 영접선이 없느냐?"고 물으니, 즉시 임나의 배 한척이 왔단다. 이때부터 신라가 두 척의 영접선을 준비하기 시작했다는 것이다.

위기에 몰리는 신라

624년(진평왕 46) 정월, 시위부(侍衛府)에 대감 6인, 상사서(賞賜署)에 대정(大正) 1인, 대도서(大道署)에 대정 1인을 보강했다. 3월에는 당 고조가 사신을 보내 진평왕을 주국(柱國) 낙랑군공(樂浪郡公) 신라 왕(新羅王)으로 책봉했다. 10월에는 백제가 신라의 속함성(速含城), 앵잠성(櫻岑城), 기잠성(歧岑城), 봉잠성(烽岑城), 기현성(旗縣城), 혈책성(穴柵城) 등 여섯 성을 포위 공략해 왔다.

상황이 급해지자 신라 측에서는 상주(上州), 하주(下州), 귀당(貴幢), 법당(法幢), 서당(誓幢) 5군에게 구원을 명령했다. 그런데 신라의 구원군이 도착했을 때에는 백제군의 진영이 이미 잘 갖추어져 있었다. 이를 본 신라군은 머뭇거리며 진격하지 못하였고, 결국 "국가의 존망이 이 싸움에 달렸는데, 강적을 앞에 두고 계략 없이 진격하다가 뜻대로 되지 않으면 후회하여도 소용이 없다"는 의견이 나왔다. 그렇다고 그냥 돌아갈 수도 없어서, 여유가 없어 그동안 쌓지 못했던 노진 (奴珍) 등 여섯 성을 쌓고 돌아왔다고 한다.

이러는 동안 속함, 기잠, 혈책 세 성이 함락되거나 항복했다. 그래도 사량 출신으로 대나마 도비(都非)의 아들 눌최(訥催)는 남은 세 성을 지키려고 애썼다. 그런데 신라 구원군이 포기하고 돌아간다는 소식이 전해지자, 분개하여 눈물을 흘리면서 말했다 한다.

"지금이 절조를 바쳐 이름을 날릴 수 있는 때이다. 너희들은 어떻게 하겠는가?" 그러자 병졸들도 "감히 죽음을 아끼지 않고 오직 명을 따르겠습니다."라고 답했다. 그래서 성이 함락되려 할 때도 눌최와 병사들은 끝까지 저항하다 죽음을 맞이했다. 특히 힘이 세고 활을 잘 쏘아 "소인(小人)이 특이한 재주를 가지면 해롭다"는 말까지 나왔지만, 눌최가 믿고 가까이했던 종이 끝까지 눌최 곁을 지켰다. 진평왕이 이 소식을 듣고 비통해 하며 눌최에게 급찬 관등을 내려주었다.

625년(진평왕 47) 11월, 당나라에 조공 사절을 보내, 고구려가 조공 가는 길을 막고 자주 신라를 침입한다고 호소했다.

626년(진평왕 48) 7월에도 당나라에 조공 사절을 보냈다. 당 고조는 주자사(朱子奢)를 보내 고구려와 화친하도록 권하는 뜻을 전해 왔다. 8월에는 백제가 주재성(主在城)을 공격해 왔고, 성주 동소(東所)가 맞서 싸우다가 전사했다. 이때 즈음 고허성(高墟城)을 쌓았다.

627년(진평왕 49) 3월, 5일 넘게 큰바람이 불면서 흙이 비처럼 내리는 일이 있었다. 6월, 당나라에 조공 사절을 보냈다. 그랬음에도 7월에는 백제 장군 사걸(沙乞)이 서쪽 변방을 침략해, 2개 성을 함락하고 남녀 300여 명을 사로잡아 갔다. 이런 일을 겪고 난 8월, 서리가 내려 곡식이 죽었다.

이렇게 가뭄이 들어 어려웠던 시기, 부정부패와 타협하지 않았던 검군(劍君)의 이야기가 나온다. 이때 궁중의 여러 사인(舍人)들이 창예창(唱翳倉)의 곡식을 훔쳐 나누었는데, 대사(大舍) 구문(仇文)의 아들 검군만이 훔친 곡식을 받으려 하지 않았다는 것이다. 몫을 더 주겠다는 유혹도 거부한 검군은, 결국 비밀 누설을 걱정한 동료들이 술에 약을 타 먹이는 것을 알면서도 먹고 죽어주었다. 이렇게 어려운 상황인데도, 이해 11월에도 조공 사절을 보냈다. 그만큼 신라가 위기를 느꼈다는 뜻이 된다.

628년(진평왕 50) 봄 2월, 백제가 가잠성을 포위했다. 신라 측에서는 구원 부대를 보내 격퇴했다. 그렇지만 여름에는 큰 가뭄이 들었다. 이에 대한 대책으로 시장을 옮기고, 용을 그려 비 내려주기를 빌었다. 여름 가뭄의 여파로 가을·겨울에 백성들이 굶주려 자녀를 파는 사태까지 있었다.

629년(진평왕 51) 8월, 신라 측에서는 대장군 용춘(龍春)과 서현(舒玄), 부장군 유신(庾信)을 지휘관으로 하는 부대를 보내 고구려 낭비성(娘臂城)을 공략했다. 고구려 측에서는 성에서 나와 진을 치고 맞았다. 이 기세에 눌려 신라군은 공격할 엄두를 내지 못했다. 이때 중당당주(中幢幢主) 유신이 나섰다. "나는 '옷깃을 잡고 흔들면 가죽옷이 바로 펴지고 벼리를 끌어당기면 그물이 펼쳐진다'고 들었다. 내가 벼리와 옷깃이 되어야겠다"라며 말을 타고 적진으로 돌격해 들어갔다는 것이다. 이런 돌격을 세 번이나 감행하면서 적진에 들어갈 때마다 장수의 목을 베거나 적 부대의 깃발을 뽑아왔다. 이를 보고 기세가 오른 신라군이 적병 5천여 명을 목베어 죽이자, 낭비성이 마침내 항복했다. 이런 전과를 올린 후인 9월, 당나라에 조공 사절을 보냈다.

630년(진평왕 52) 대궁(大宮) 뜰의 땅이 갈라졌다.

631년(진평왕 53) 2월, 흰 개가 궁궐 담장에 올라가는 일이 있었다. 그런 후인 5월, 이찬 칠숙(柒宿)과 아찬 석품(石品)이 반란을 꾀했다. 그것을 알아차린 진평왕은 칠숙을 붙잡아 동쪽시장(東市)에서 목을 베고 구촌의 친족(九族)까지 죽였다. 『화랑세기』에는 이 반란을 적발하여 미리 제압한 배경에 덕만공주와 가까운 염장(廉長)의 역할이 컸다고 되어 있다. 아찬 석품은 백제 국경까지 도망쳤다가, 처자식을 보려고 나무

꾼과 옷을 바꿔 입고 집에 왔다가 잡혀 처형당했다.

그리고 이해 7월, 당나라에 파견한 사신에 미녀 두 사람을 딸려 보냈다. 당 황제에게 바치려 보낸 이 미녀를, 당의 대신 위징(魏徵)은 받지 말아야 한다고 주장했고 당 태종 역시 이 의견을 받아들였다. 당 황제는 "산골에서 바친 앵무새도 추위에 괴로워하며 자기 나라에 돌아가고 싶어 하는데, 하물며 친척과 이별하고 온 두 여자는 오죽 하겠는가"라며 사신에 딸려 돌려보냈다. 그리고 난 후, 흰 무지개가 궁궐 우물에 들어가고 토성이 달을 범하는 일이 있었다.

그리고 다음 해인 632년(진평왕 54) 정월, 왕이 죽었다. 시호를 진평(眞平)이라 정하고 한지(漢只)에 장사 지냈다. 당 태종이 좌광록대부(左光祿大夫) 벼슬을 더하는 조칙을 내려주고 부의(賻儀)로 비단 200단(段)을 주었다.

여기에 덧붙여 『삼국사기』는, 저술 때 참고한 원사료인 『고기(古記)』에는 632년(진평왕 54)에 해당하는 "당의 정관(貞觀) 6년 정월에 죽었다"고 되어 있는 반면, 『신당서(新唐書)』와 『자치통감(資治通鑑)』에는 631년(진평왕 53)에 해당하는 "당의 정관 5년에 신라 왕 진평이 죽었다"고 되어 있는 점에 의문을 표시하고 있다. 『일본서기』에는 이해 8월, 당나라 사신이 올 때 "신라 사신들이 따라왔다"고 되어 있다.

그런데 진지왕과 관련되어 있던 도화랑 설화는 진평왕에

게도 연결된다. 비형에 대한 소문을 듣고, 진평왕은 그 아이를 궁중으로 데려다 길렀다. 비형의 나이 15세가 되자 진평왕은 집사(執事)라는 벼슬을 주었다. 그런데 비형은 밤마다 왕궁 밖으로 나가서 놀곤 했다. 진평왕이 용사 50명을 시켜 지키게 하였음에도, 비형은 번번이 월성을 날아서 넘어간 서쪽 황천 언덕 위에서 귀신과 놀았다. 그를 추격한 용사들이 숲속에 숨어서 엿보니, 귀신들이 여러 절에서 울리는 새벽 종소리를 듣고 각각 헤어지면 비형랑도 돌아왔다는 것이었다.

그것을 보고받은 진평왕은 비형에게 "귀신의 무리를 이끌고 신원사의 북쪽 개천에 다리를 놓아 보라"명령했고, 비형은 하룻밤 사이에 큰 다리를 놓았다. 그래서 그 다리를 귀신 다리라 부른다 한다. 비형의 능력을 확인한 진평왕은"귀신들 중에서 인간이 되어 조정을 도울 자가 없느냐"고 물었고, 비형은 길달(吉達)이라는 자를 추천해 데려왔다.

진평왕은 이튿날 비형이 데려온 길달에게 비형과 같은 집사 벼슬을 내렸다. 길달이 충직하게 일을 잘하자, 진평왕은 자식이 없었던 각간 임종에게 길달을 아들로 삼게 했다. 임종이 길달에게 흥륜사 남쪽에 문루를 세우게 하였더니, 길달은 밤마다 그 문루에 가서 잤다. 그래서 그 문을 길달문이라고 했다 한다.

그런데 뜬금없이 어느 날 길달이 여우로 변하여 도망을 갔다. 비형도 무슨 마음을 먹었는지 귀신의 무리를 시켜 그를 잡아 죽였다. 그다음부터 귀신의 무리들은 비형의 이름만 듣고도 두려워하며 달아났다는 것이다. 그래서 당시의 사람들은 "성제(聖帝)의 혼이 낳은 비형랑의 집이니 잡귀의 무리들은 물러가라"는 글을 향속에 붙여서 잡귀를 물리쳤다 한다.

『삼국유사』에는 진평왕이 관련된 설화가 또 나온다. 키가 11척이나 되었던 진평왕이 내제석궁(內帝釋宮)에 행차했을 때에 석제(石梯: 섬돌)를 밟았는데, 세 개가 한꺼번에 부러졌다. 그러자 진평왕은 수행하던 사람들에게 "돌을 다른 곳으로 옮기지 말고 후세의 사람들이 보도록 하라"고 명령했다. 이것이 바로 성안에 있는 다섯 개의 부동석(不動石) 중의 하나라고 소개되어 있다.

그리고 신라의 3대 보물 중 하나를 진평왕 때에 얻었다는 설화도 나온다. 진평왕이 즉위했던 해에 천사가 궁전 뜰에 내려와 "상제(上帝)께서 이것을 전해주라고 명하셨다"면서 옥대(玉帶)를 하나 전해주었다. 진평왕이 친히 꿇어앉아 받은 다음, 천사는 하늘로 올라갔다 한다. 이후 나라의 큰 제사를 지낼 때에는 언제나 이것을 허리에 맸다.

이 이야기는 신라 말기까지 이어진다. 고려왕이 신라를 치려할 때 "신라에 세 가지 보물이 있어 침범할 수 없다고 하는데, 그것이 무엇인가?"라고 물었더니, "황룡사의 장육존

상, 그 절의 9층탑, 진평왕의 처사옥대"라는 대답을 들었다.
그리고 고려왕은 이 말을 듣고 신라를 공격할 계획을 포기
했다 한다. 물론 이는 상식적으로 납득하기도 어렵고, 실제
역사적 상황과 맞지도 않은 설화일 뿐이다.

제27대 선덕여왕

최초의 여왕

진평왕이 죽고 난 뒤, 632년(선덕여왕 1) 그 왕위는 이채롭게도 딸 덕만(德曼)에게 돌아갔다. 진평왕과 김씨 마야부인(摩耶夫人) 사이에서 태어난 덕만은, 성품이 너그럽고 어질며 총명하고 민첩했다는 평을 받았다. 진평왕의 죽고 나서 뒤를 이을 아들이 없자, 나라 사람들이 덕만을 왕으로 추대하고 성조황고(聖祖皇姑)라는 칭호를 올렸다. 그녀는 신라 최초이자 한국사 최초의 여왕이 되었다.

『삼국사기』에서는 선덕여왕의 능력을 보여주는 에피소드

하나를 소개하고 있다. 진평왕 때 당 태종이 홍색·자색·백색의 세 가지 색으로 그린 모란 그림과 그 씨 석 되를 보내왔다. 이를 당시 공주이던 덕만에게 보였을 때, 그녀는 "이 꽃이 비록 매우 아름답기는 하나 틀림없이 향기가 없을 것입니다."라고 말했다 한다. 진평왕이 웃으며 "네가 그것을 어찌 아느냐?"라 묻자 덕만은, "꽃을 그렸으나 나비가 없는 걸 보고 알았습니다. 여자가 뛰어나게 아름다우면 남자들이 따르고, 꽃에 향기가 있으면 벌과 나비가 따르기 마련입니다. 이 꽃은 무척 아름다운데도 그림에 벌과 나비가 없으니, 향기가 없는 꽃일 것입니다"라고 대답했다. 꽃씨를 심고 난 후, 이를 확인하고 덕만공주의 식견을 알아보았다는 이야기다.

선덕여왕은 즉위한 해 2월에 대신(大臣) 을제(乙祭)에게 국정을 총괄하게 했다. 이해 5월부터 가물다가 6월에 이르러서야 비가 왔다. 이 때문에 어려운 사람이 많아졌는지, 10월에는 사람을 파견하여 홀아비와 홀어미, 고아, 자식 없는 늙은이[환과고독鰥寡孤獨]를 비롯하여, 늙고 병들어 스스로 살아갈 수 없는 사람을 위문하고 양식을 나눠주었다. 12월에는 당나라에 조공 사절을 보냈다.

633년(선덕여왕 2) 정월, 몸소 신궁(神宮)에 제사 지내고, 대규모 사면을 시행했다. 아울러 여러 주·군(州郡)의 1년간 조세[租調]를 면제해주었다. 이렇게 인기 끌 정책을 시행했건만, 2월 수도에 지진이 일어났다. 그렇지만 이해 7월에도 당나라에 조공 사절을 보냈다. 게다가 백제는 8월에 서쪽 변경을 침략해 왔다.

634년(선덕여왕 3) 정월에는 연호를 인평(仁平)으로 바꾸었다. 그리고 분황사(芬皇寺)가 완성되었다. 이렇게 불교에 정성을 기울였지만, 음력 3월에 크기가 밤톨만한 우박이 내렸다.

635년(선덕여왕 4) 당나라가 사신을 보내 신덕여왕을 진평왕과 같은 주국(柱國) 낙랑군공(樂浪郡公) 신라 왕(新羅王)으로 책봉해주었다. 그리고 이해에 또 영묘사(靈廟寺)를 완공시켰다. 10월에는 이찬 수품(水品)과 용수(龍樹: 또는 용춘龍春)로 하여금 주·현을 두루 돌며 위문하도록 했다.

636년(선덕여왕 5) 정월, 이찬 수품을 상대등으로 삼았다. 3월에는 선덕여왕이 병을 얻었다. 의술(醫術)로 치료해도, 기도를 해도 효과가 없자, 황룡사에서 백고좌회(百高座會)를 열었다. 이를 통해 승려를 모아 인왕경(仁王經)을 강론하고 100명에게 승려가 되는 것을 허락했다.

그런데 5월, 두꺼비(『삼국유사』에는 개구리)가 궁궐 서쪽에 있는 영묘사 옥문지(玉門池)에 모여드는 일이 있었다. 선덕여왕은 이를 듣고 "두꺼비는 성난 눈을 가지고 있는 병사의 모습이다. 서남쪽 변경에 옥문곡(玉門谷:『삼국유사』에는 여근곡女根谷)이라는 곳이 있다고 하니 이웃나라 군사가 잠입한 것은 아닌지 알아보라"고 했다. 그래서 장군 알천(閼川)과 필탄(弼吞)이 군대를 이끌고 가서 찾아보았더니, 과연 백제 장군 우소(于召: 『삼국유사』에는 울소亏召)가 독산성(獨山城)을 습격하려고 무장한 병사 500명을 이끌고 숨어들었다. 알천은 이들을 기습하여 모두 죽였다 한다.

백제군이 매복해 있는 것을 어찌 알았느냐는 질문에 대한 선덕여왕의 대답은 이랬다. "두꺼비가 노한 형상은 병사의 형상이며, 옥문이란 곧 여자의 음부를 말하는 것이다. 여자는 음(陰)이고, 그 빛이 백색이며 백색은 서쪽을 뜻하니 군사가 서쪽에 있음을 말함이다. 또한 남근이 여자의 생식기에 들어가면 죽게 되므로 전멸시키기 쉽다는 점도 알 수 있었다"고 했다는 것이다. 물론 이는 설화일 뿐이다. 이즈음 자장법사(慈藏法師)가 불법(佛法)을 배우러 당나라에 들어갔다.

637년(선덕여왕 6) 정월, 이찬 사진(思眞)을 서불한(舒弗邯)으로 삼았다. 7월에는 알천을 대장군으로 삼았다.

638년(선덕여왕 7) 3월에 칠중성(七重城) 남쪽의 큰 돌이 저절로 35보(步) 옮겨가는 이변이 일어났다. 9월에는 누런 꽃이 비처럼 내렸다. 그런 일이 있은 후인 10월, 고구려가 북쪽 변경의 칠중성을 침공해왔다. 신라 백성들은 놀라 산골짜기로 도망쳤다. 선덕여왕은 대장군 알천을 시켜 도망간 백성들을 안정시키게 했다. 그런 조치를 취한 뒤인 11월, 알천은 고구려 군사와 칠중성 밖에서 싸워 이겨, 고구려 측에 많은 전사자와 포로를 내게 했다. 『일본서기』에는 이해 신라 사신이 백제·임나 사신과 함께 조공해 왔다고 했다.

639년(선덕여왕 8) 2월, 하슬라주(何瑟羅州)를 북소경(北小京)으로 삼고 사찬 진주(眞珠)에게 그곳의 방어책임을 맡겼다. 그런데 7월에는 동쪽 바닷물이 붉게 물들고 더워져 물고기와 자라가 죽었다. 『일본서기』에는 이해 9월, 당의 승려 혜은(惠隱)과 혜운(惠雲)이 신라 사신을 따라 왜의 수도에 왔다고 한다. 그리고 왜 조정에서는 11월 1일에야 신라 사신에게 향응을 베풀고, 관위(冠位) 1급을 주었다고 기록되어 있다.

640년(선덕여왕 9) 5월, 여왕은 당나라 국학(國學)에 신라 학생들을 입학시켜 달라고 요청했다. 이때는 당 태종이 이름난 유학자를 불러 모아 학업을 가르치는 관원(官員)으로 삼고, 국자감(國子監)에 자주 들러 그들의 강론을 들었다. 여기서 배운 학생으로서 대경(大經) 중 하나 이상만 능통해도 모두 관직을 맡을 수 있도록 하고, 학사(學舍)를 1,200칸으로 늘려 지어 3,260명의 학생을 수용할 수 있게 만들었다. 그래서 배우고자 하는 사람이 당의 수도[경사京師]에 모여들었다. 신라뿐만 아니라 고구려, 백제, 고창(高昌), 토번(吐蕃) 역시 귀족 아이들을 보내 입학시켰다.

『일본서기』에는 이해 10월 11일, 당에서 승려 청안(淸安)

과 학생 다카무쿠노아야히토겐리[고향한인현리高向漢人玄理]가 신라를 경유하여 귀국했다고 되어 있다. 이때 백제와 신라의 조공 사절도 함께 따라와, 왜 조정에서 작(爵) 1급을 주었다고 한다.

위기 극복을 위한 신라의 몸부림

642년(선덕여왕 11) 정월, 당나라에 사신을 보냈다. 『일본서기』에는 이해 3월 6일, 신라가 구와교쿠천황[황극천황皇極天皇]의 등극을 축하할 겸 이전 천황인 스이코천황[추고천황推古天皇]에 대한 조문도 겸하는 사신을 파견해 왔다고 되어 있다. 그리고 이 사신은 오래 머물지 않고 이달 15일에 돌아갔다 했다.

이렇게 신라가 주변 국가와의 외교에 노력을 기울였음에도, 7월에는 백제 의자왕이 대규모 침공을 감행하여 신라 서쪽 40여 성을 쳐서 빼앗았다. 이 여파로 8월 신라는 또 당 태종에게 급히 사신을 보내야 했다. 백제가 고구려와 짜고 당항성(党項城)을 빼앗아 당나라와 통하는 길을 끊으려 한다고 급히 알리기 위해서였다. 그래도 이달에 백제 장군 윤충(允忠)이 군사를 이끌고 대야성(大耶城)을 공격하여 함락했다.

이 과정에서 이찬 품석(品釋)과 사지(舍知: 관직명) 죽죽(竹竹)
·용석(龍石) 등이 죽었다.

그런데 대야성이 함락된 배경에는 사연이 좀 있다. 대야
성이 백제에 공략당하기 전, 성주인 품석이 막객(幕客)인 사
지 검일(黔日)의 아내가 예쁘다고 빼앗은 일이 있었다. 이로
인하여 앙심을 품은 검일이 백제군에 내응하여 성안의 창고
를 불태워버린 것이다. 물자가 떨어져 버티기 어려워진 품석
은 성 사람들을 살려줄 것을 조건으로 윤충에게 항복할 뜻
을 내비쳤고, 윤충은 이를 받아들였다.

이때 찬간(撰干) 학열(邪熱)의 아들 사지 죽죽이 "백제인들
을 믿을 수 없으니 싸우다 죽자"고 말렸으나, 품석은 그 말을
듣지 않았다. 대야성 사람들이 성 밖으로 나가자, 죽죽의 말
대로 윤충은 약속을 어기고 신라인들을 학살하기 시작했고,
그 꼴을 본 품석은 처자를 먼저 죽이고 자살했다. 죽죽이 남
은 병력을 모아 성문을 닫고 저항하려 하자, 사지 용석(龍石)
이 죽죽에게 "상황이 여의치 않으니 항복하여 후일을 도모
하자"고 설득했지만, 죽죽은 거부하고 싸우다 성이 함락되
면서 용석과 함께 죽었다. 선덕여왕은 이 소식을 듣고 슬퍼
하며 죽죽에게는 급찬, 용석에게는 대나마의 관등을 내려주
고 처자에게는 상과 함께 왕경으로 옮겨 살게 해주었다.

이러한 사태를 당한 선덕여왕은 백제에 보복하려고, 이찬

김춘추(金春秋)를 고구려에 보내 군사를 요청했다. 대야성 전투에서 죽은 품석의 아내가 바로 춘추의 딸이었다. 딸의 죽음을 전해들은 춘추는, 기둥에 기대어 서서 하루 종일 눈도 깜박이지 않았고 사람이 앞을 지나가도 알아보지 못했다 한다. 시간이 지나 정신을 차린 춘추는 "고구려에 군사를 청하여 백제에게 원수를 갚고자 한다"는 뜻을 왕에게 전하여 허락받았다.

김춘추는 고구려 보장왕을 만나 "무도한 백제가 우리 강토를 침범하니, 저희 나라 임금이 대국(大國)의 군사를 얻어 그 치욕을 씻고자 한다"고 요청했다. 이에 대해 보장왕은 "원래 우리 땅이었던 죽령(竹嶺) 서북의 땅을 돌려준다면 군사를 내보낼 수 있다"고 응했다. 보장왕의 요구에 김춘추는 강경하게 맞섰다.

"신은 임금의 명을 받들어 군대를 청하는데, 대왕께서는 어려운 이웃을 구하는 데는 뜻이 없고, 사신을 위협하여 땅을 돌려 줄 것을 요구하십니다. 신은 죽을지언정 다른 것은 모릅니다"고 대답했던 것이다. 불손한 대답에 화가 난 보장왕은 김춘추를 별관(別館)에 가두어버렸다. 김춘추는 몰래 사람을 시켜 자신의 감금 사실을 본국의 왕에게 알렸고, 선덕여왕은 김유신(金庾信)에게 결사대 1만 명을 거느리고 고구려로 진군하게 했다. 김유신이 행군하여 한강(漢江)을 넘어 고구려 남쪽 경계에 들어서자, 고구려 왕이 김춘추를 돌려 보냈다 한다. 김유신은 이 공으로 압량주(押梁州) 군주가 되었다.

『일본서기』에는 이해 8월, 신라 사신이 왔다는 기록도 없는데, 신라 사신이 "백제 사신과 함께 돌아갔다"고 되어 있다. 그리고 10월에도 새 천황의 즉위와 이전 천황의 조문을 겸한 신라 사신이 이키노시마(일기도壹岐嶋)에 도착했다고 한다. 물론 3월에도 같은 목적의 사신을 보낸 신라가, 무엇 때문에 또 이런 사신을 보냈는지에 대한 설명이나 시사는 나오지 않는다.

643년(선덕여왕 12) 정월, 당나라에 사신을 보내 토산물을 바쳤다. 이어 3월에는 당나라에 유학갔던 자장(慈藏)이 돌아왔다. 9월에도 신라 측에서는 당나라에 사신을 파견하여, "고구려와 백제가 연합하여 신라를 치려 하니 구원해 달라"는 뜻을 전했다. 그러자 당 황제는 신라 사신에게 "위기 극복을 위한 대책이 있는가"를 물었고, 신라 사신은 "우리 왕은 대국(大國)에 위급함을 알려 나라를 보전하기를 바랄 뿐"이라고 대답했다.

이에 대하여 당 황제는 세 가지 대책을 내놓았다. 하나는, 당에서 소규모 군대로 요동(遼東)을 공략하는 것이었다. 그러면 신라에 대한 압력은 1년 정도는 느슨해질 것이지만, 이후 후속 대책이 없으면 큰 효과가 없을 것이라 했다. 두 번째 는, 수천 개의 붉은 옷과 깃발을 보내 고구려나 백제가 당에 서 원군을 보낸 것으로 착각하게 만들어 줄 수 있다는 것이 다. 세 번째는, 당이 백제를 정벌하는 것이다. 단 신라는 여자 를 임금으로 삼아 이웃 나라의 업신여김을 받고 있으니, 당 에서 왕족 중의 한 사람을 군대와 함께 보내 신라의 왕으로 삼은 다음 나라가 안정되면 나라를 돌려주겠다. "이 중 어느 것을 택하겠는가"를 물었을 때 신라 사신은 대답을 못했고, 당 황제는 그가 용렬[용비庸鄙]하여 군원을 청할 만한 인재가 아니라며 탄식했다 한다. 그러나 이는 당의 입장에서 본 이 야기일 뿐, 사실상 당이 백제를 정벌하여 신라까지 집어 삼 킬 속셈을 드러낸 것이라 할 수 있다.

그렇지만 644년(선덕여왕 13) 정월에도 신라는 당나라에 사신을 보내 토산물을 바쳤다. 그러자 당 태종은 사농승(司農 丞) 상리현장(相里玄獎)을 고구려로 보내 신라와의 화해를 촉 구했다. 그러나 고구려의 연개소문은 "신라가 빼앗아 간 고 구려 500리 땅을 돌려주지 않으면 전쟁을 그칠 수 없다"는 반응을 보였다. 현장이 "지나간 일을 따져서 뭐하겠느냐"라 며 설득하려 했지만 연개소문은 끝내 고집을 꺾지 않았다.

이해 9월, 선덕여왕은 김유신을 대장군으로 삼아 백제 공 략을 시도했다. 김유신이 이끄는 부대는 백제군을 크게 격파하고 7개 성을 빼앗았다.

645년(선덕여왕 14) 정월에도 신라는 당나라에 사신을 보내 토산물을 바쳤다. 이때 즈음 김유신이 백제 공략을 마치고 돌아왔다. 그가 아직 왕을 뵙지도 않았는데, 백제의 대군이 또 신라 변경을 공략해 왔다. 선덕여왕은 김유신의 출동을 명했고, 그는 집에 가지도 못하고 발길을 돌려 백제와의 전투에 나섰다. 이 전투에서도 김유신은 2,000명의 목을 베는 전과를 올렸다. 그리고 김유신이 돌아와 왕에게 보고하고 집에 돌아가려는데, 또 급하게 백제가 다시 침입해 왔다는 보고가 올라왔다. 위험을 느낀 선덕여왕은 김유신에게 "나라의 존망(存亡)이 공(公)에게 달렸으니 꺼리지 말고 수고해 달라"고 부탁해 김유신은 이번에도 집에 돌아가지 못하고 전장으로 향했다. 서쪽으로 가는 길에 자기 집 문 앞을 지나게 되었을 때, 집안 사람들이 멀리서 바라보며 눈물을 흘렸으나 김유신은 돌아보지도 않고 갔다.

3월에는 자장(慈藏)의 요청에 따라 짓기 시작한 황룡사탑을 완성시켰다. 5월, 당 태종의 고구려 정벌이 시작되자, 선덕여왕도 3만 명의 병력을 동원하여 그를 도왔다. 그러자 백제가 신라의 대규모 병력이 고구려 방면으로 이동한 빈틈을 타고, 신라 서쪽의 7개 성을 빼앗았다.

『일본서기』에는 이해 7월 신라 사신이 고구려·백제 사신과 함께 조공 사절을 파견했다고 적어놓았다. 다음 해 2월 기록에도 같은 내용이 나온다. 646년(선덕여왕 15) 9월에도, 『일본서기』에는 소덕(小德) 다카무코노하카세쿠로마로[고향 박사흑마려高向博士黑麻呂: 다른 이름은 겐리(현리玄理)]를 신라에 파견하여 인질을 바치게 하는 대신, "임나 조(調)를 면해주겠다"했다고 되어있다.

선덕여왕의 죽음과 관련된 이야기들

이런 일을 겪고 난 후인 11월, 이찬 비담(毗曇)을 상대등으로 삼았다. 그런데 이 조치는 화근이 되었다. 2년 후인 647년(선덕여왕 16) 정월, 상대등 비담과 염종(廉宗) 등이 "여자 임금은 나라를 잘 다스릴 수 없다."며 반란을 일으켰던 것이다. 이 반란은 진압되었으나, 이달 8일에 왕이 죽었다. 선덕(善德)이라는 시호를 붙이고, 낭산(狼山)에 장사 지냈다. 『삼국사기』에는 선덕여왕의 죽은 시기 역시 중국 측 역사서와 다르다는 점을 기록해놓았다. 『당서(唐書)』에는 647년(선덕여왕 16)에 해당하는 "정관 21년에 죽었다"고 되어 있고, 『통감(通鑑)』에는 "정관 22년에 죽었다"고 되어 있다는 것이다. 여기서 『삼국사기』 편찬자는 『통감』의 기록이 잘못되었다고 보았다.

그러면서 의미심장한 사론(史論)을 붙여놓았다. "옛날에 여와씨(女媧氏)나, 여치(呂雉)와 무조(武曌) 같은 여자들이 통치자의 지위를 차지한 적이 있기는 하지만, 이들은 천자(天子)로 인정받은 것은 아니었다. 단지 천자를 돕는 역할을 하거나, 어리고 나약한 임금이 즉위한 틈에 천자처럼 정치를 했을 뿐이라는 것이다. 음양(陰陽)의 이치로 보아도 남자는 존귀하고 여자는 비천한데, 신라는 여자를 왕위에 세우고도 나라가 망하지 않은 것이 다행이다"라는 내용이다. 이 자체만 보면 『삼국사기』 편찬자가 신라나 선덕여왕을 심하게 비난한 것처럼 보일 수 있다.

하지만 조금 더 살펴보면 남존여비(男尊女卑) 의식에 젖은 유학자치고는 비난의 강도가 상대적으로 심하지 않음을 엿볼 수 있다. 이 문제에 대해 사론을 남긴 또 다른 유학자 권근(權近)의 경우, 선덕여왕에게 왕위를 물려준 진평왕과 이를 막지 않은 당시의 신료들을 비판했다. 또한 선덕여왕을 인정했다 하여 당 태종까지 모두 비판의 대상으로 삼았다. 특히 당 태종에 대해서는, 정치를 그런 식으로 하니까 나중에 무씨가 정권을 좌우하는 해독이 초래됐다며 험악한 비판을 가했다.

이렇게 여자가 왕이 된다는 사실에 대한 거부감을 가지

고 있던 유학자들의 정서에 비추어보면, 김부식을 중심으로
한 『삼국사기』 편찬자들의 비판은 매우 온건한 축에 든다.
특히 선덕여왕 자체에 대해서는 특별한 능력을 가지고 있었
던 것처럼 묘사하여 좋은 평가를 내리고 있다. 더욱이 여자
가 왕이 되었다는 점을 문제 삼아 일으킨 비담과 염종의 반
란에 대해서도 정당하다는 뉘앙스를 보이고 있지 않다. 그만
큼 『삼국사기』가 신라 정권에 대해 호의적으로 표현하고 있
음을 시사한다고 볼 수 있다.

『삼국유사』에는 죽음과 관련해서도 선덕여왕이 인간의
한계를 뛰어 넘는 능력을 가지고 있었다고 적어놓았다. 아
무런 병도 없던 시점에 선덕여왕이 신하들에게 미리 자신이
죽을 날을 알려주었다. 그러면서 "나를 도리천에 장사를 지
내도록 하라"고 명을 내렸다. 그런데 이때 신하들 중에는 도
리천의 위치를 아는 사람조차 없었다 한다. 그래서 선덕여왕
이 "낭산 남쪽"이라는 점까지 알려주었다는 것이다.

그런데 『일본서기』에는 이런 시기에 신라에서 고구려 사
신과 함께 조공품을 바쳤다고 한다. 그리고 정확한 시기를
밝히고 있지는 않지만, 의미심장한 기록도 있다. 이때 즈음
신라에서 실세였던 김춘추를 파견해 왔다는 내용이 나오는
것이다. 왜에서는 이에 응하여, 다카무코노하카세쿠로마로
와 나카토미노무라지오시쿠마[중신련압웅中臣連押熊]를 보내

공작새 1마리와 앵무새 1마리를 바쳤다. 그리고 김춘추를 인질로 삼았다고 해놓았다. 그와 함께 김춘추는 "용모가 준수하고 담소를 잘했다"는 평까지 적어놓았다. 그런데 김춘추가 이후 당에 사신으로 파견된 기록이 나오기 때문에 인질이라고 할 만큼 오래 있었는지는 의문이다.

제28대 진덕여왕

당에 대한 신라의 적극적 접근

647년(진덕여왕 1), 선덕여왕의 뒤를 이은 진덕여왕의 이름
은 승만(勝曼)이고, 진평왕의 친동생 국반갈문왕(國飯葛文王:
또는 국분國芬)의 딸이다. 어머니는 박씨(朴氏) 월명부인(月明
夫人)이다. 승만은 풍만하면서도 용모가 아름다웠으며, 키가
일곱 자였고 손을 내려뜨리면 무릎 아래까지 닿았을 정도
로 팔이 길었다고 한다.

즉위한 해 정월 17일, 반란의 주모자인 비담(毗曇)을 목 베
어 죽였다. 이 반란에 연루되어 죽은 사람이 30명이었다. 2월

에는 이찬 알천(閼川)을 비담이 차지하고 있던 상대등으로 삼고, 대아찬 수승(守勝)을 우두주(牛頭州) 군주로 삼으며 정국 수습에 나섰다. 이때 당 태종이 사신을 보내, 죽은 선덕여왕에게 광록대부(光祿大夫) 벼슬을 더해주고, 아울러 주국(柱國) 낙랑군왕(樂浪郡王)으로 책봉했다. 이해 7월, 감사 표시를 위해 사신을 당나라에 보냈다. 그러면서도 신라의 연호를 태화(太和)로 바꾸었다.

8월에는 살별이 남쪽에서 나타나며, 뭇 별들이 북쪽으로 흘러가는 기현상이 목격되었다. 그런 후인 10월에 백제 군사가 무산성(茂山城), 감물성(甘勿城), 동잠성(桐岑城)의 3개 성을 포위 공략해 왔다. 진덕여왕은 김유신을 지휘관으로 하는 보병과 기병 1만 명의 병력을 보내 막게 했다. 이 부대는 백제군을 맞아 고전(苦戰)했지만, 김유신의 부하 비령자(丕寧子)와 그의 아들 거진(擧眞)이 적진에 들어가 분전하다 죽는 장면을 연출해냈다. 여기에 비령자의 부탁을 받고 거진을 피신시키려던 종, 합절(合節)도 거진이 피신을 거부하고 전사하자 적진에 뛰어들어 싸우다 죽었다. 이 장면을 본 나머지 병력이 분발하여 3,000여 명의 목을 베는 성과를 올렸다. 진덕여왕이 이 소식을 듣고 눈물을 흘리면서, 예를 갖추어 반지산(反知山)에 세 사람을 합장(合葬)하고 처자의 9족에게까지 상을 푸짐하게 내려주었다.

이렇게 백제의 공세를 막고 난 다음인 11월, 진덕여왕은 관례대로 몸소 신궁(神宮)에 제사를 지냈다. 『삼국유사』에는 진덕여왕이 즉위한 후, 친히 태평가(太平歌)를 짓고 비단을 짜서 글자를 수놓은 다음, 이를 사신을 통해 당나라에 보냈다는 이야기가 나온다. 하지만 곧바로 이것이 사실과 거리가 있다고 적어놓았다. "어떤 책에 김춘추를 당나라에 사신으로 보내 군대를 요청하니, 당 태종이 소정방을 보내기로 약속했다"고 되어 있으나, 김춘추는 군대가 오기 전에 이미 왕위에 올라 있었다. 소정방이 온 시점도 당 태종 때가 아니라 당 고종 때라는 것이다. 진덕여왕이 비단을 짜 보낸 때는 군대를 요청한 때가 아니라, 김흠순을 석방하여 달라고 요청할 때 일이라는 점만 인정했다. 어쨌든 당 측에서는 이 성의에 보답하여 진덕여왕을 계림국왕에 책봉해주었다 한다.

그렇지만 『삼국사기』에는 진덕여왕이 즉위한 다음 해 648년(진덕여왕 2) 봄 정월에 당나라에 조공 사절을 보냈다고 되어 있다. 『일본서기』에는 이해 2월 신라가 조(調)를 바쳤다고 해놓았다. 어쨌든 당과의 외교에 노력을 기울였음에도 불구하고, 3월에 백제가 또 신라를 침공해 왔다. 백제 장군 의직(義直)이 서쪽 변경의 요거성(腰車城) 등 10여 성을 함락했던 것이다.

진덕여왕은 이에 대응하여 또 김유신을 출동시켰다. 의

직의 부대와 맞선 김유신은 병력을 셋으로 나누어 협공하는 전술을 썼다. 여기 말려든 백제군은 패주했고, 김유신은 이들을 추격하여 섬멸했다. 이를 보고받은 진덕여왕이 기뻐하며, 차등을 두어 상을 내렸다.

백제를 격퇴하고 난 뒤 겨울, 한질허(邯帙許)를 당에 조공 사절로 파견했다. 이때 당 태종은 어사(御史)를 시켜 한가지를 물었다. "신라는 신하로서 대국(大國) 조정을 섬기면서 어찌하여 따로 연호를 칭하는가?" 한질허는 "천자의 조정에서 정삭(正朔)을 반포하지 않았기 때문에, 법흥왕 이래로 연호를 쓰고 있을 뿐이고, 대국 조정의 명(命)이 있었다면 그러지 않았을 것"이라 대답했다. 당 태종도 이를 납득했다 한다.

이후 신라에서는 이찬 김춘추(金春秋)와 그의 아들 문왕(文王)도 당나라에 조공 사절로 파견했다. 당 태종이 광록경(光祿卿) 유형(柳亨)을 보내 교외에서 이들을 맞이했고, 왕궁에 도착하자 환대해주었다. 그러자 김춘추는 당의 국학(國學)을 보게 해달라고 요청했고, 당 태종은 이 요청을 받아들였다. 이와 함께 당 태종은 직접 지은 온탕비(溫湯碑)와 진사비(晉祠碑), 새로 편찬한 진서(晉書)를 김춘추 일행에게 선물로 주었다.

이후, 어느 날 당 태종은 김춘추를 따로 만나 금과 비단을 후하게 주며 무슨 생각을 품고 있는지 물었다. 그러자 김춘추는 "백제의 침략에 시달리는 신라를 도와 달라"고 요청했고, 당 태종은 이를 받아들였다고 한다. 그래서 김춘추는 신라의 관복을 중국의 제도에 맞추겠다고 제의했고, 당 태종은 내전에서 진귀한 옷을 꺼내 김춘추 일행에게 주었다. 그리고 김춘추에게 특진(特進), 문왕을 좌무위장군(左武衛將軍)으로 삼았다. 당 태종은 김춘추가 이끄는 사절단이 돌아갈 때, 극진하게 송별잔치를 열어주었다. 그러자 김춘추는 "저에게 일곱 아들이 있는데, 폐하를 숙위(宿衛: 당나라 주변 군소 국가 왕족 아들들이 당의 황제를 호위하던 의장대)할 수 있도록 해 달라"는 요청을 했고, 당 태종은 이 역시 받아들였다.

김춘추 일행은 돌아오는 길에 위기를 맞았다. 바다 위에서 고구려의 순라병(巡邏兵)에게 잡혔던 것이다. 그러나 김춘추는 위기를 모면했다. 같이 갔던 온군해(溫君解)가, 높은 사람이 쓰는 모자와 옷을 입고 배 위에 앉아 고구려 병사들을 유인했던 것이다. 고구려 병사들은 온군해를 춘추로 알고 잡아 죽였고, 김춘추는 이 틈을 타 작은 배를 타고 탈출했다. 김춘추가 신라로 돌아온 다음, 진덕여왕은 이 소식을 듣고 슬퍼하며 온군해(君解)에게 대아찬 벼슬을 내려주고, 그 자손에게도 후한 상을 주었다.

649년(진덕여왕 3) 정월, 김춘추가 당에 제의했던 대로 중국식으로 복장을 바꾸었다. 신라가 그렇게 당과 가까이 하였지만, 백제는 아랑곳하지 않고 압박해왔다. 이해 8월에 백제 장군 은상(殷相)이 석토성(石吐城) 등 7개 성을 함락했던 것이다. 전덕여왕은 대장군 유신과 장군 진춘(陳春), 죽지(竹旨), 천존(天存) 등에게 막도록 했다. 10여 일 동안이나 장소를 옮겨가며 전투를 벌였으나 결판이 나지 않아, 도살성(道薩城)에서 대치하게 되었다.

이때 김유신은 휘하에 "오늘 백제인이 염탐할 것이니, 모르는 척하고 막지 말라"는 명령을 내렸다. 그러고는 사람을 시켜 군영 안에 "방어만 하고 움직이지 말라. 내일 응원군이 오면 합류해 결판내겠다"는 말을 퍼뜨렸다. 백제 첩자(諜者)는 이를 은상에게 보고했다. 은상 등이 신라군의 증원을 두려워하며 동요한 틈에, 김유신 휘하의 신라군은 백제군에 진격하여 대승을 거두었다. 이 전투에서 장사(將士) 100명을 죽이거나 사로잡고, 군졸 8,980명을 베었다 한다. 이외에도 전마(戰馬) 1만 필 등, 많은 전리품을 얻었다.

어수선한 정세

『일본서기』에는 이해 5월 1일, 미와노키미시코부[삼륜군색부三輪君色夫], 가니모리노무라지쓰노오마로[소부련각마려掃

部連角麻呂] 등을 신라에 파견했다고 한다. 이에 응하여 신라 왕이 사탁부(沙喙部) 사찬(沙湌) 김다수(金多遂)를 인질로 보냈다고 기록해놓았다. 이와 함께 온 시종 37명에 대한 기록도 남겼다 승려 1명, 시랑(侍郎) 2명, 승(丞) 1명, 달관랑(達官郎) 1명, 중객(中客) 5명, 재기(才伎) 10명, 통역 1명, 종자 16명으로 구성되어 있었다는 것이다.

650년(진덕여왕 4) 2월, 『일본서기』에는 왜의 행사에 신라의 시학사(侍學士)가 참여했다는 기록이 있다. 사실인지 여부에 대해서는 확인이 어렵다. 어쨌건 4월, 진덕여왕은 진골(眞骨) 신분으로 관직에 있는 사람은 아홀(牙笏: 관복을 입을 때 손에 쥐는 상아로 만든 장식이다)을 갖도록 하는 명을 내렸다. 『일본서기』에는 이달에도 신라에서 사신을 파견하여 조(調)를 바쳤다고 해놓았다. 그래 놓고 '어떤 책'을 인용하여 새삼스럽게 "이번 천황 때에 고구려·백제·신라 세 나라가 해마다 사신을 보내 조공을 바쳤다"는 내용도 있다고 소개해놓았다.

6월에는 당나라에 사신을 보내, 백제의 침공을 격퇴했다는 사실을 알렸다. 이때 진덕여왕은 비단을 짜 거기에 오언태평송(五言太平頌)을 써서, 김춘추의 아들 법민(法敏)을 통해 당 황제에게 보냈다. 당 고종은 기뻐하며 김법민에게 태부경(太府卿) 벼슬을 주어 돌려보냈다. 이것이 『삼국유사』에서 언급한 내용이다. 그리고 이해부터 중국 연호를 사용하기 시작했다.『삼국사기』편찬자들은 이를 두고, 예법에 맞게 잘못을 고쳤다며 지지하는 입장의 사론(史論)을 써놓았다.

651년(진덕여왕 5) 정월 초하루, 왕이 조원전(朝元殿)에서 백관으로부터 새해 축하인사를 받았다. 이때부터 새해를 축하하는 예식(禮式)이 시작되었다 한다. 2월에는 품주(稟主)를 집사부(執事部)로 고치고, 파진찬 죽지(竹旨)를 집사 중시(執事中侍)로 삼아 기밀 업무를 맡겼다.

그리고 조공 사절로 당나라에 보냈던 파진찬 김인문(金仁問)을, 그곳에 머물러 숙위하도록 했다. 김춘추의 둘째 아들인 김인문은 어려서부터 유가(儒家)는 물론『장자(莊子)』『노자(老子)』'불교의 책'을 두루 읽었고,『예서(隸書)』와 활쏘기·말타기·향악(鄕樂)을 잘 했다 한다. 수수하면서도 세련되었고, 식견과 도량이 넓어 당시 사람들이 추앙했다고 되어 있다. 당에서도 그에게 좌령군위장군(左領軍衛將軍) 지위를 주었다.

『일본서기』에는 이해 6월, 백제와 신라가 조공품을 바쳤다고 해놓았다. 그리고 이해에 신라의 조공사 지만사찬(知萬沙飡) 등이 당나라 식으로 바뀐 복장을 하고 쓰쿠시에 도착했던 일에 대해 적고 있다.『삼국사기』의 입장과 달리, 왜 조정에서는 신라가 마음대로 복장을 바꾼 데 대해 불쾌하게 생각하여, 신라 사신을 책망하며 쫓아 보냈다고 한다. 그래 놓고 왜의 대신 하나가 "지금 신라를 치지 않으면 후회할 것"이라면서, "나니와에서 쓰쿠시까지 배만 많이 띄워놓고, 신라를 협박하면 쉽게 항복할 것"이라고 하였단다.

652년(진덕여왕 6) 정월, 파진찬 천효(天曉)를 좌리방부령(左理方府令)으로 삼고, 당나라에 조공 사절을 보냈다. 3월, 수도에 큰 눈이 왔고, 왕궁 남쪽 문이 아무 이유 없이 무너지는 기현상이 일어났다. 『일본서기』에는 이해 4월, 신라와 백제 사신이 조공품을 바쳤다고 한다.

다음 해인 653년(진덕여왕 7) 6월에도 같은 내용을 적어놓았다. 그러나 『삼국사기』에는 11월, "당나라에 파견한 사신을 통해 금총포(金總布)를 보냈다"는 내용만 나온다. 이해 김춘추는 일시적으로 귀국한 김인문에게 압독주(押督州) 총관(摠管) 자리를 맡겼다. 현지에 부임한 그가 장산성(獐山城)을 쌓는 능력을 발휘하니, 김춘추는 그 공에 대한 보답으로 식읍 300호를 주었다.

654년(진덕여왕 8) 2월, 『일본서기』에는 당의 사신이 신라를 통하는 길로 왔다는 내용이 나온다. 그런 내용에 관계없이 3월, 진덕여왕이 죽었다. 진덕(眞德)이라는 시호를 붙이고 사량부(沙梁部)에 장사 지냈다. 당 고종이 이 소식을 듣고 영광문(永光門)에서 애도를 표하고, 태상승(太常丞) 장문수(張文收)를 조문 사절로 파견했다. 당에서는 진덕여왕에게 개부의

동삼사(開府儀同三司) 지위를 더해주고 비단 300단(段)을 보내왔다. 『일본서기』에는 이해 7월 24일, 왜에서 당에 갔던 사신 기시노나가니[길사장단吉士長丹] 등이 백제, 신라의 사신과 함께 쓰쿠시로 돌아왔다 한다.

『삼국사기』에는 진덕여왕의 죽음 뒤에 신라 골품제에 대한 언급이 있다. 진덕여왕에서 성골(聖骨)이 끊기고, 마지막 왕까지 진골(眞骨)에서 나왔다는 사실을 시사하는 기록이 남아 있는 것이다. 『삼국사기』에는 이 이상의 언급이 없기 때문에 골품제, 특히 성골의 존재에 대한 논란이 있다.

『삼국유사』에는 진덕여왕 때에 있었다는 설화가 나온다. 진덕여왕 시대에 알천공(閼川公), 임종공(林宗公), 술종공(述宗公), 호림공(虎林公), 염장공(廉長公), 유신공(庾信公)이 남산에 있는 오지암(亐知巖)에 모여 나라 일을 의논하고 있었을 때, 큰 호랑이 한 마리가 달려들었다고 한다. 다른 사람들은 놀라 일어선 반면, 알천공만은 조금도 움직이지를 않고 태연히 담소를 하다가, 호랑이의 꼬리를 붙잡아 땅에 매다 꽂아 죽였다. 알천공의 완력은 이처럼 강해서 맨 윗자리[수석首席]에 앉았으나, 이들이 마음속으로 따른 사람은 유신공이었다는 것이다.

그리고 신라에는 신령스러운 땅, 네 곳이 있었다 한다. 나라의 큰일을 이곳에 모여서 의논을 하면 반드시 이루어졌다는 것이다. 첫째는 동쪽의 청송산(靑松山)이고, 둘째는 남쪽의 오지산(亏知山)이다. 셋째는 서쪽의 피전(皮田)이고, 넷째는 북쪽의 금강산(金剛山)이다. 또 진덕여왕 때에 설날 아침 조례를 받기 시작하였고, 시랑(侍郞)이라는 칭호도 쓰기 시작했다고 한다.

제29대 태종무열왕

김춘추의 가족 관련 설화

654년(태종무열왕 1), 진덕여왕의 뒤를 이은 김춘추가 태종무열왕(太宗武烈王)이다. 그런데 그의 계보가 성골의 존재와 관련되어 주목을 끈다. 그는 진지왕의 아들 용춘(龍春: 또는 용수龍樹)의 아들이다. 『삼국사기』에는 용춘과 용수가 같은 인물인 것처럼 써놓았지만, 다른 인물이라고 보기도 한다. 『삼국사기』에는 "『당서(唐書)』에는 진덕의 동생이라 되어 있는 것이 잘못"이라고 기록해놓았다. 그리고 어머니가 진평왕의 딸 천명부인(天明夫人)이다. 즉 김춘추는 진지왕의 아들과 진평왕의 딸이 혼인하여 낳은 아들이라는 뜻이다. 그런데 재미있는 점은 왕의 직계 아들과 딸이 혼인하여 낳은 자식이, 성골 아닌 진골이라는 것이다. 그의 왕비는 김서현의 딸이자 김유신의 누이인 문명부인(文明夫人), 즉 문희(文姬)다. 그런데 『화랑세기』에는 김춘추가 문희를 맞아들이기 전에 부인이 있었다고 한다. 바로 보종의 딸 보량궁주(宝良宮主)다. 대야성이 백제에 함락될 때에 죽은 딸 고타소(古陀炤)도 보량과의 사이에서 낳은 딸이라고 소개했다.

『삼국사기』에는 이례적으로 문명왕후가 왕비가 된 과정이 비교적 자세하게 소개되어 있다. 이야기는 언니인 보희(寶姬)의 이야기에서 시작된다. 그녀가 꿈에 서형산(西兄山: 또는 서악西岳) 꼭대기에 올라앉아서 오줌을 누었더니, 그 오줌에 온 나라가 잠겨버렸다. 꿈에서 깨어난 그녀가 동생에게 꿈 이야기를 했더니, 동생이 "언니의 꿈을 사고 싶다." 해서 보희는 비단치마를 받고 동생에게 꿈을 팔았다.

그런데 며칠 뒤 김유신이 김춘추와 축국(蹴鞠)을 하다가, 김춘추의 옷고름을 밟아 떼었다. 김유신은 "우리 집이 다행히 가까이 있으니, 그리로 가서 옷고름을 달자"며 김춘추를 집으로 데려갔다. 술상을 차려놓고 바늘과 실을 가지고 오라고 먼저 언니 보희를 불렀지만, 그녀는 일이 있어 나오지 못하고 대신 동생이 나와서 꿰매주었다. 『삼국사기』에는 문희의 아름다움에 반한 김춘추가 혼인을 청하고 예식을 치른 뒤, 곧 임신하여 낳은 아들이 문무왕 법민(法敏)이라고 되어 있다.

하지만 『삼국유사』에는 약간 다르게 소개되어 있다. 일단 옷고름을 문희가 달게 된 이유부터 약간 다르다. 처음에는 보희에게 옷고름을 달아 달라 했지만, 보희가 사양하는 바람에 결국 문희가 달아주었다는 것이다. 이 사건의 흐름을 꿈과 연결하면, 보희가 왕비 될 꿈을 동생에게 팔아버렸다는 해몽으로 연결되는 것이다.

그리고 『삼국유사』에는 김춘추와 문희의 혼인 과정에 대한 에피소드가 더 있다. 이들은 바로 혼인한 것이 아니라, 문희가 임신부터 했다 한다. 문희의 임신을 알게 된 김유신은 "부모의 허락도 없이 외간 남자의 아이를 임신한 것을 꾸짖은 다음 선덕여왕이 남산에 올라가는 날을 잡아 태워죽이겠다"며 집에 불을 피웠다. 선덕여왕이 산에서 보고, 연기가 나는 까닭을 묻자, 신하들은 "유신이, 남편도 없이 임신한 누이를 불태워 죽이려 한다"고 알렸다. 옆에 있던 당사자 김춘추의 반응을 보고 사태를 눈치 챈 선덕여왕은 책임질 것을 촉구했고, 그에 따라 달려와 김춘추와 문희가 혼인을 하게 되었다는 것이다.

『화랑세기』에는 꿈을 팔아 운명이 바뀌었다고 믿은 보희의 이야기가 덧붙여져 있다. 그녀는 다른 사람에게 시집가지 않았고, 결국 김춘추가 첩으로 삼아 아들 지원(知元)과 개지문(皆知文)을 낳았다고 한다.

김춘추는 하루에 쌀 3말과 꿩 9마리를 해치울 정도의 대식가였다 한다. 백제 멸망 이후에는 점심을 생략했으나, 그래도 하루에 쌀 6말, 술 6말, 꿩 10마리를 먹었다는 것이다. 그의 용모는 어려서부터 세상을 다스릴 기운을 느끼게 할 만큼 늠름하여, 당에서도 붙잡아두려고 했으나 강력하게 귀국을 요청하여 돌아왔다. 그러면서 당나라 황제에게 특진(特進) 벼슬을 받은 바도 있다.

진덕여왕 때에 이찬 벼슬을 역임하며 출셋길을 달렸다. 여왕이 죽은 뒤, 이찬 알천(閼川)에게 섭정을 청하는 신하들도 있었으나 알천이 사양하며 김춘추를 추천했다 한다. 그래서 김춘추가 세 번 사양한 끝에 마지못해 왕위에 올랐다는 것이다.

즉위한 해 654년(태종무열왕 1) 4월, 김춘추는 죽은 자신의 아버지를 문흥대왕(文興大王)으로 추봉(追封)하고 어머니를 문정태후(文貞太后)로 삼았다. 그리고 대규모 사면령을 내렸다. 5월에 이방부령(理方府令) 양수(良首) 등에게 명하여 율령을 상세히 살펴 60여 조(條)의 이방부격(理方府格)을 제정하게 했다.

이때 당나라에서도 사신을 보내 태종무열왕을 개부의동삼사(開府儀同三司) 신라왕(新羅王)으로 책봉해주었다. 태종무열왕도 당나라에 사신을 파견하여 감사를 표시했다. 당과의 관계가 밀접해지면서, 부각된 인물 중 하나가 강수(强首)다.

당에서 보내온 국서 중 이해되지 않는 부분이 있어 찾은 인물이 바로 그였기 때문이다. 신라에 중요한 외교문서를 알아볼 사람이 없어 지방에 있던 강수까지 불러올렸다는 이야기가 얼핏 이해되지 않을 수도 있으나, 내막을 알면 납득이 간다. 당에서 보낸 조서(詔書) 등에는 유교 경전에 정통한 유학자들만 알아볼 수 있을 정도로 인용하는 일이 많다. 그렇기 때문에 경전에 정통하지 않으면, 당에서 말하고자 하는 뜻을 정확하게 이해하지 못할 수도 있다. 더욱이 당에 보내는 답서 등도 유교적 예법에 맞게 써서 보내야 했다. 이런 문서를 잘못 처리하면 불필요한 외교적 갈등을 불러일으킬 수도 있는데, 과거(科擧)를 치르지 않는 골품제 아래에서 유교 경전에 정통한 능력을 갖춘 사람이 많지 않았다. 그렇기 때문에 굳이 지방에 있는 강수를 불러들였다고 보는 것이다.

기대대로 강수가 당에서 보낸 조서를 해설해주니, 태종무열왕이 기뻐하며 이제야 만난 것이 한스럽다고까지 했다. 그러면서 이름을 물으니, 강수는 "본래 임나가량(任那加良) 사람으로 이름은 우두(牛頭)"라 답했다. 그래서 태종무열왕이

"그대의 두골(頭骨)을 보니 강수(强首)선생이라 불러야겠다" 하고, 당에 보낼 답서를 쓰게 했다. 이때 그의 글 솜씨를 확인한 태종무열왕은 이후 이름을 부르지 않고 임생(任生)이라고만 불렀다 한다.

이런 강수에 대한 이야기는 좀 더 남아 있다. 그는 중원경 사량부 출신이고, 아버지는 나마 석체(昔諦)이다. 어머니가 꿈에 뿔이 달린 사람을 보고 그를 낳았는데, 머리 뒤편에 뼈가 불쑥 나와 있었다. 석체가 아이를 데리고 관상을 보았더니, "훌륭한 골상"이라는 답을 들었다. 그래서 석체는 '보통 아이가 아니니 잘 길러 앞으로 나라의 재목으로 만들자'고 결심을 했다. 강수가 점점 자라나자 "불교를 배우겠느냐? 유교를 배우겠느냐?"는 질문에 "세속을 도외시 하지 않는 유교의 도를 배우고 싶다"며 학문에 몰두했다.

그렇게 능력을 쌓은 강수는 여러 벼슬을 거치며 유명해졌다. 그런데 강수는 어려서부터 부곡(釜谷)의 대장장이 딸과 정을 통해왔는데, 20세가 되자 부모가 중매를 통하여 혼인 시키려 했다. 그러자 "조강지처(糟糠之妻)를 버릴 수 없다"며 사양했다. 그런 강수는 재산 모으는 데 신경 쓰지 않아 가난하였으나, 즐겁게 살았다. 그래서 왕이 해마다 신성(新城)의 조(租) 100섬을 주게 했다. 나중에 문무왕도 "고구려와 백제는 힘으로 평정했다 하나, 글의 힘도 무시할 수 없으니 강수의 공을 어찌 소홀히 여길 수 있겠는가"라고 했다. 그리고 사찬의 관등을 주고 봉록을 매년 200섬으로 올려주었다 한다.

김춘추의 즉위와 국내외 정세

655년(태종무열왕 2) 정월, 이찬 금강(金剛)을 상대등으로, 파진찬 문충(文忠)을 중시로 삼았다. 이때 신라는 당나라에 사신을 보내, 고구려가 백제·말갈과 함께 신라의 북쪽 변경을 침략해 33성을 빼앗았다며 구원을 요청했다. 그러자 3월, 당은 영주도독(營州都督) 정명진(程名振)과 좌우위중랑장(左右衛中郞將) 소정방(蘇定方)을 지휘관으로 하는 군대를 보내 고구려를 쳤다.

이때 활약한 인물이 김흠운(金歆運)이다. 그는 내물왕의 8세손으로, 아버지는 잡찬 달복(達福)이라 한다. 그는 어려서 화랑 문노(文努)의 휘하에 있었다. 누가 전사하여 이름을 남겼다는 말에 감동하는 그의 모습을 본 승려 전밀(轉密)이 말하기를, "이 사람이 전쟁에 나가면 돌아오지 않을 것"이라 했다.

그러다 이해 백제와 고구려의 봉쇄에 맞서 신라군이 출동할 때에 흠운도 낭당(郞幢) 대감 지위를 가지고 전장으로 나아갔다. 출전한 부대가 백제 땅 양산(陽山) 지역의 조천성(助川城)을 공략할 때, 백제군에게 기습을 당했다. 이때 김흠운은 일단 피하라는 대사(大舍) 전지(詮知)의 읍소를 물리치고 싸우다가 죽었다. 이때 대감 예파(穢破)와 소감(少監) 적득(狄得)도 같이 싸우다 전사했다. 보기(步騎) 당주 보용나(寶用那)도 흠운의 전사 소식을 듣고 적에 돌격하여 싸우다 그 역시 죽었다.

태종무열왕이 이 소식을 듣고 슬퍼하며, 흠운과 예파에게는 일길찬, 보용나와 적득에게는 대나마의 관등을 추증했다. 당시 사람들이 이 전투상황을 듣고 양산가를 지어 애도했다 한다. 『삼국사기』에서는 이 장면에 사론(史論)을 붙여 신라인의 희생정신을 찬양했다.

이런 정세 속에서 태종무열왕은 맏아들 법민(法敏)을 태자로 책봉했다. 그리고 나머지 아들들에게도 벼슬을 내렸다. 문왕(文王)을 이찬으로, 노차(老且)를 해찬(海湌)으로, 인태(仁泰)를 각찬으로, 지경(智鏡)과 개원(愷元)을 각각 이찬으로 삼았던 것이다. 10월에는 우수주(牛首州)에서 흰 사슴[白鹿]을 바쳤다. 그리고 굴불군(屈弗郡)에서는 머리 하나에 몸이 둘이고 다리가 여덟인 흰 돼지를 바쳤다. 이를 두고 "천하를 통일할 조짐"이라 해석했다는 이야기도 있다. 또 이때 왕의 딸 지조(智照)를 외숙부인 대각찬(大角湌) 김유신에게 시집보냈고,

월성 안에 고루(鼓樓: 북치는 누각)를 세웠다.

『일본서기』에는 이해 겨울, "고구려·백제·신라가 사신을 파견하여 조(調)를 바쳤다"고 해놓았다. 이때 신라는 특별히 급찬 미무(彌武)를 인질로 보내며 기예에 능한 사람 12명도 함께 파견했다 한다. 그러나 미무는 병에 걸려 죽었다.

656년(태종무열왕 3) 김인문이 당에서 돌아와 군주(軍主)에 임명되었다. 이 지위에 임명된 김인문은 장산성(獐山城) 쌓는 일을 감독했다. 7월에는 좌무위장군(左武衛將軍) 벼슬을 받은 문왕을 당에 조공 사절로 보냈다. 『일본서기』에는 이해에도 "고구려·백제·신라가 사신을 파견하여 조(調)를 바쳤다"는 기록이 나온다.

657년(태종무열왕 4)에는 재해와 기현상이 잇달았다. 7월에는 일선군(一善郡)에 홍수가 나서, 300여 명이 죽었다. 그리고 수도 동쪽 토함산에 생겼던 화재가 3년 만에 꺼졌다. 흥륜사의 문도 이유 없이 무너졌다. 여기에 바위가 무너지면서 묵은 맛이 나는 쌀로 변했다 한다.

『일본서기』에는 왜가 이해에 신라에 사신을 파견하여 "승려 지다치[지달智達]·하시히토노무라지미우마야[간인련어구間人連御廐]·요사미노무라지와쿠고[의망련치자依網連稚子] 등을, 신라에서 당에 파견되는 사신에 딸려서 보내달라"고 요청을 하였으나 신라가 거절했다 한다. 그래서 승려 지다치 등은 당에 가지 못하고 돌아왔다 한다.

658년(태종무열왕 5)에는 국내 체제 정비에 나섰다. 정월에는 중시 문충(文忠)이 맡고 있던 중시 자리에 문왕을 임명했다. 문충은 이찬 자리로 이동시켰다. 3월, 하슬라(何瑟羅) 땅이 말갈과 맞닿아 있기 때문에 불안하다고 여겨, 경(京)을 폐지하여 주(州)로 삼고 도독을 두는 조치를 취했다. 실직(悉直)은 북진(北鎭)으로 삼았다.

『일본서기』에는 이해 7월, 작년에 이루지 못한 사업을 관철시켰다는 기록이 나온다. 승려 지쓰[지통智通]와 지다치가 신라의 배를 타고 당에 가서 무성중생의(無性衆生義)를 현장법사(玄奘法師)에게 배웠다는 것이다.

659년(태종무열왕 6) 4월, 태종무열왕은 백제가 자주 변경을 침범한다며, 당나라에 사신을 보내 군사 지원을 요청했다. 8월에는 아찬 진주(眞珠)를 병부령으로 삼았고, 9월에 하슬라주에서 흰 새를 바쳤다. 그런데 공주(公州) 기군(基郡)에서 이상한 일이 있었다. 강에서 길이가 100자나 되는 물고기가 나와서 죽었는데, 그것을 먹은 사람도 죽었다.

불길한 일이 잇따르던 10월에는 반전이 일어났다. 군대를 요청했던 당나라에 답이 없어, 조정에 나와 앉아 있던 태종무열왕의 얼굴에 근심하는 빛이 역력했을 정도였다. 그런데 죽은 신하 장춘(長春)과 파랑(罷郞) 같은 사람이 왕 앞에 나타나 "어제 당나라에서 소정방 등을 지휘관으로 하는 군대를 보내 내년 5월에 백제를 치기로 결정했다. 대왕께서 너무 애태우며 기다리시니 나라에 보답하려 미리 알려드린다"라 말하고 사라졌다 한다. 태종무열왕은 두 집안의 자손에게 후하게 상을 주고, 해당 관청으로 하여금 한산주(漢山州)에 장의사(莊義寺)를 세워 명복을 빌도록 했다.

백제 정벌

660년(태종무열왕 7) 정월, 상대등 금강(金剛)이 죽어, 태종무열왕은 이찬 김유신을 상대등으로 삼았다. 그런 뒤인 3월, 당 고종은 좌무위대장군(左武衛大將軍) 소정방을 신구도행군대총관(神丘道行軍大摠管)으로, 김인문을 부대총관(副大摠管)으로 하는 군대를 백제로 파견했다. 좌효위장군(左驍衛將軍) 유백영(劉伯英) 등 수군과 육군을 합쳐 13만 명에 달하는 병력으로 백제를 침공한 것이다. 태종무열왕에게는 우이도행군총관(嵎夷道行軍摠管)이라는 지위를 붙여 당의 군대를 지원하게 했다.

태종무열왕은 5월 26일, 유신(庾信), 진주(眞珠), 천존(天存) 등과 함께 군사를 거느리고 수도에서 출발하여, 6월 18일 남천정(南川停)에 도착했다. 소정방은 내주(萊州)에서 배로 출발하여 동쪽으로 내려왔다. 6월 21일, 태종무열왕은 태자 법민(法敏)에게 휘하에 100척의 배를 거느리고 덕물도(德物島)에 가서, 정방을 맞이하도록 했다. 이 자리에서 소정방은 법민에게 "7월 10일에 백제에서 신라군과 합류해 백제 도성을 공략하고자 한다"는 뜻을 전했다. 법민은 "우리 왕이 당의 대군(大軍)을 초조하게 기다리고 계시니 서둘러 오실 것"이라 대답했고, 소정방이 기뻐하며 법민을 돌려보냈다. 당이 보낸 대군에 대한 법민의 보고를 받은 태종무열왕도 기뻐했다. 그래서 태자와 대장군 유신, 장군 품일(品日)과 흠춘(欽春: 또는 흠순欽純) 등에게 5만 명의 병력으로 당의 군대를 지원하도록 하고, 금돌성(今突城)에 가서 자리를 잡았다.

당나라 군대와 따로 출발한 신라군은 7월 9일, 황산(黃山) 벌판까지 진군했다. 이때 백제 장군 계백(堦伯)의 부대가 먼저 험한 곳 세 군데에 진영을 짜놓고 기다리고 있었다. 김유신을 지휘관으로 하는 신라군은 네 번이나 세 군데 요충지를 돌파하려 했으나, 여의치 않아 병사들의 사기가 꺾였다.

이 상황에서 신라군은 사기를 올리기 위해 즐겨 쓰는 수법을 사용했다. 먼저 장군 흠순이 아들 반굴(盤屈)을 적진으로 돌격시켜 전사하게 했고, 뒤이어 좌장군 품일도 아들 관장(官狀: 또는 관창官昌)을 내몰았다. 관장이 처음에는 생포되었다가, 계백이 돌려보내 돌아왔다. 하지만 다시 되돌아가 싸우다 전사했다. 이렇게 해서 사기를 회복시킨 신라군이 백제군을 격파했다는 것이다. 이 과정에서 계백은 전사했고, 좌평 충상(忠常)과 상영(常永) 등 20여 명은 사로잡혔다.

『삼국사기』에는 같은 날 소정방이 김인문 등과 함께 기벌포(伎伐浦)에 상륙하며 백제군을 격파한 것처럼 되어 있다. 하지만 여기에는 약간의 오차가 있는 것 같다. 이는 다음에 이어지는 사태와 관계가 있다. 김유신의 부대가 약속시간보다 하루 늦은 7월 11일 도착하자, 소정방은 약속 시간을 지키지 못했다는 이유로 신라의 독군(督軍) 김문영(金文穎: 또는 김문영金文永)을 군문(軍門)에서 목을 베려 했다. 그러자 분개한 김유신이 당의 군대와 싸우겠다고 나섰다. 이 사태 자체는 소정방의 우장(右將) 동보량(董寶亮)의 만류로 수습되었다.

여기서 소정방이 7월 9일 상륙한 것이 아님이 시사된다. 하루 늦었다고 신라 장군을 처벌하려 했던 소정방이, 굳이 약속시간보다 하루를 일찍 도착해서 신라군을 기다리려 했다고 보기 어렵기 때문이다.

황산벌과 백강에서 방어에 실패한 후, 백제 왕자가 좌평 각가(覺伽)를 시켜 당나라 장군에게 군대를 철수시켜 달라 애걸하는 글을 보내왔다. 12일에 당나라와 신라군이 소부리(所夫里) 벌판으로 진격하다가 소정방이 전진을 꺼리자, 김유신이 독촉하여 진격했다. 백제 왕자는 또 상좌평(上佐平)을 시켜 제사에 쓸 가축과 많은 음식을 보냈고, 그것도 통하지 않자 의자왕의 여러 아들이 몸소 좌평 여섯 사람과 함께 죄를 빌었으나 소정방은 그것도 물리쳤다.

그런데 이러한 조치는 의자왕이 피신하기 위해 시간을 끈 조치일 수도 있다. 13일에 의자왕은 태자를 비롯한 측근과 함께 웅진성(熊津城)으로 피신했던 것이다. 그런데 이것이 치명적인 실책이었음은 『백제왕조실록』에서 다룬 바 있다. 어쨌든 사비성에서 농성하던 부여태가 항복하자 나당연합군은 거의 희생을 치르지 않고 사비성을 점령했다.

「신라본기」에는 18일, 의자왕이 웅진성으로부터 태자와 웅진방령(熊津方領)의 군사를 거느리고 와서 항복한 것처럼 되어 있다. 하지만 최근 밝혀진 바로는 웅진방령이었던 예식이 의자왕을 체포하여 당에 항복했다 한다. 이렇게 백제 왕족이 잡혀 나온 다음, 김법민은 "나의 누이를 죽였다"는 이유로 부여융의 얼굴에 침을 뱉으며 모욕을 주었다.

태종무열왕은 의자왕이 항복했다는 소식을 듣고, 29일에 자리 잡고 있던 금돌성(今突城)에서 소부리성으로 왔다. 이와 함께 제감(弟監) 천복(天福)을 당나라에 보내, 이번 싸움에서 이겼음을 알렸다. 『일본서기』에도 김춘추가 당의 도움을 얻어 백제를 정복한 다음, 왕실 요인을 비롯하여 많은 백제 사람들을 당으로 잡아간 사실을 기록하고 있다.

그리고 8월 2일, 큰 규모의 연회를 베풀어 장병들을 위로했다. 태종무열왕과 소정방을 비롯한 나당연합군 장수들은 대청마루 위에 앉고, 의자왕과 그 아들 융(隆)은 마루 아래 앉혔다. 그리고 가끔 의자왕으로 하여금 술을 따르게 하여 굴욕감을 주었다. 이 때문에 백제 좌평 등 여러 신하들이 목메어 울지 않는 사람이 없었다 한다. 백제가 대야성을 공략할 때 백제에 협력해 성이 함락되도록 도왔던, 신라 내부자 검일(黔日)과 모척(毛尺)도 이날 붙잡아 목을 베었다. 그리고 사지를 찢어 그 시체를 강물에 던졌다.

이렇게 신라가 당의 힘을 빌어 사비성을 점령했지만, 이후 사태는 만만치 않게 풀렸다. 백제의 나머지 세력이 남잠성(南岑城)과 정현성(貞峴城) 등의 성을 차지하고 저항했던 것이다. 또 좌평 정무(正武)가 이끄는 일부 병력은 두시원악(豆尸原嶽)에 진을 치고서 나당연합군을 괴롭혔다.

나당연합군도 이에 대응하여 26일에 저항의 거점 임존(任存)의 큰 목책을 공격했으나, 큰 전과를 거두지 못하고 작은 목책만 파괴하는 데 그쳤다.

9월 3일, 당은 낭장(郎將) 유인원(劉仁願)을 지휘관으로 하는 1만 명과 신라 왕자 인태 휘하의 사찬 일원(日原)·급찬 길나(吉那)의 부대 7,000명만 사비성(泗沘城)에 남겨놓고, 나머지 병력을 철수시켰다. 당군의 총 지휘관 소정방은 백제 왕과 왕족·신료 93명과 백성 1만 2,000명을 데리고, 사비에서 배를 타고 당나라로 돌아갔다. 신라 측에서는 김인문과 사찬 유돈(儒敦), 대나마 중지(中知) 등이 그를 따라 당으로 갔다.

이렇게 당의 주력 부대가 철수하자, 백제 측의 반격도 활발해졌다. 23일에 백제의 잔여 병력이 사비성에 침투해, 사비에서 항복한 백제인들을 구출해 가려고 했다. 유인원이 당과 신라군을 동원해 이를 저지했지만, 백제군은 잠시 물러났을 뿐이다. 이들은 사비성 남쪽 산마루에 올라, 네댓 군데 목책을 세우고 진을 치고서 틈을 엿보아가며 성읍을 공략했다. 이런 움직임에 백제의 20여 성이 호응했다.

백제인의 반격에도 불구하고 당에서는 좌위중랑장(左衛中郎將) 왕문도(王文度)를 웅진도독(熊津都督)으로 임명해 보내왔다. 28일, 왕문도가 삼년산성(三年山城)에서 당 황제의 조서(詔書)와 예물을 전달하다가 갑자기 쓰러져 죽는 해프닝이 일어났다. 이 행사 자체는 다른 사람이 대신하여 마치고 수습했다.

『일본서기』에는 이달 5일, 백제가 달솔(達率)과 사미(沙彌) 각종(覺從) 등을 보내와 변고를 알렸다 한다. 그리고 복신(福信)을 중심으로 백제 부흥운동이 일어났다는 말도 전해졌다. 그리고 다음 달에는 복신이 좌평 귀지(貴智)에 딸려 당의 포로 100여 명을 왜에 보내고, 구원군과 함께 왜에 가 있던 백제 왕자 풍장(豊璋)도 보내 달라 요청했다는 내용도 기록되어 있다.

10월 9일, 태종무열왕은 태자와 함께 군대를 이끌고 이례성(尒禮城)을 쳤다. 결국 18일에 성을 함락하고 관리를 두어 지키게 하자, 백제의 20여 성이 항복해왔다. 30일에는 사비의 남쪽 산마루에 설치되어 있던 목책을 공격하여 1,500명의 목을 베었다.

이렇게 신라가 백제를 부흥시키려는 세력과 전투를 치르고 있던 와중인 11월 1일, 고구려가 칠중성을 공략해 왔다. 이때 이 지역 군주 필부(匹夫)가 분전했다. 그는 사량 출신으로 아찬 존대(尊臺)의 아들이다. 전투가 벌어진 지, 20여 일이 되자 고구려 측에서는 쉽게 함락할 수 없다고 여겨 철수하고자 했다. 그때 역심을 품은 대나마 비삽(比歃)이 몰래 적에게 사람을 보내 알리기를 "성안의 식량이 다하였으니 공격하면 항복 받을 수 있다"고 하여 물러가지 않고 다시 공격했다. 이를 알아챈 필부가 비삽의 머리를 베어 성 밖으로 던져버리고, 병사들과 함께 온힘을 다해 맞서 싸웠다. 그렇지만 고구려군은 바람을 타고 불을 지르며 공격해 왔다. 필부는 상간(上干) 본숙(本宿), 모지(謀支), 미제(美齊) 등과 활을 쏘며 끝까지 저항했으나, 결국 전사했다. 태종무열왕이 이 소식을 듣고 통곡하며 급찬의 관등을 추증했다.

그래도 태종무열왕은 백제 지역에서 손을 빼려 하지 않았다. 5일, 태종무열왕은 계탄(雞灘)을 건너 왕흥사잠성(王興寺岑城)에 대한 공략을 시작했다. 이틀 동안 전투를 치른 뒤인 7일, 700명의 목을 베는 전과를 올렸다. 그리고 난 뒤인 22일, 태종무열왕은 신라로 돌아갔다.

『일본서기』에는 12월 "천황이 복신이 요청한 원군을 파견하려고 쓰쿠시로 행차하여 여러 가지 무기를 준비했다"고 해놓았다. 그래서 스루가노쿠니[준하국駿河國]에 배를 만들라고 명령을 내린 다음, 완성된 배를 오미노[속마교續麻郊]로 끌고 왔다. 그런데 이 배들이 밤중에 아무 이유 없이 배의 머리와 고물이 바뀌었단다. 이걸 보고 여러 사람들이 이 싸움에서 결국 패배할 것이라고 직감했다 한다. 또 시나노노쿠니[과야국科野國]에서 "크기가 10아름쯤 되고 하늘까지 닿는 파리 떼가 서쪽을 향해 날아 오사카(거판巨坂)를 지나갔다"는 보고가 들어왔다. 이를 통해서도 구원군이 크게 패할 징조임을 알았다며, 뒤에 해괴한 동요(童謠)를 붙여 놓았다.

백제에서 돌아온 태종무열왕은 논공행상(論功行賞)을 통해, 계금졸(鬜衿卒) 선복(宣服)을 급찬으로, 군사(軍師) 두질(豆迭)을 고간으로 삼았다. 그리고 전사한 유사지(儒史知)·미지활(未知活)·보홍이(寶弘伊)·설유(屑儒) 등 네 사람에게 차등을 두어 관작을 내려주었다. 여기에는 포로로 잡은 백제 고위층도 포함되었다. 좌평 충상과 상영, 달솔 자간(自簡)에게는 일길찬의 관등을 주어 총관의 직을, 은솔 무수(武守)에게는 대나마의 관등에 대감 직을, 은솔 인수(仁守)에게는 대나마의 관등에 제감의 직을 맡게 했다.

661년(태종무열왕 8), 『일본서기』에는 이해 정월 6일에 천황이 탄 배가 바닷길로 정벌에 나섰다고 되어 있다. 천황이 탄 배는 8일, 오쿠노우미[대백해大伯海]를 거쳐 14일에 이요[이예伊豫]의 니키타쓰[숙전진熟田津] 이와유노카리미야[석탕행궁石湯行宮]에 정박했다 한다. 이 사실을 기록해놓은 부분의 『일본서기』에는 "니키타쓰를 니키타쓰[이지타두儞枳柁豆]라고도 읽는다"며 친절한(?) 해설을 붙여놓았다.

천황이 머물렀던 곳을 뭐라고 불렀건, 이때 출발했던 왜군이 전투에 나선 흔적이 없는 상황에서 2월에는 백제의 잔여 세력이 사비성을 공격해 왔다. 태종무열왕은 이에 대응할 부대를 짰다. 이찬 품일을 대당 장군(大幢將軍)으로 해서 잡찬 문왕·대아찬 양도(良圖)·아찬 충상 등을 그를 보좌할 참모로, 부대와 잡찬 문충을 상주 장군(上州將軍)으로 하고 아찬 진왕(眞王)을 그를 보좌할 참모로, 아찬 의복(義服)을 하주 장군(下州將軍)으로, 무훌(武欻)과 욱천(旭川)을 남천 대감(南川大監)으로, 문품(文品)을 서당 장군(誓幢將軍)으로, 의광(義

光)을 낭당 장군(郎幢將軍)으로 하는 부대를 편성하여 공격받은 사비성을 구원하게 한 것이다.

3월 5일, 품일이 휘하 부대 중 선발대를 먼저 보내 두량윤성(豆良尹城: 또는 이성伊城) 남쪽에서 진영을 짤 땅을 살펴보게 했다. 그러나 이 선발대는 백제의 기습을 받고 흩어져 달아났다. 12일에 본대가 고사비성(古沙比城) 밖에 주둔하면서 두량윤성을 공략했다. 그러나 한 달 엿새가 되도록 별다른 전과를 거두지 못하고, 4월 19일에 군사를 돌렸다. 대당(大幢)과 서당(誓幢)이 먼저 가고, 하주(下州)의 부대가 맨 뒤에서 후위 전투를 맡았는데, 빈골양(賓骨壤)에서 백제군을 만나 패퇴했다. 이 전투에서 전사자는 적었으나, 병기를 비롯하여 많은 물자를 잃어버렸다. 그래도 상주(上州)와 낭당(郎幢) 부대는 각산(角山)에서 백제군을 만나 2,000명의 목을 베었다.

태종무열왕은 신라군의 패배 소식을 듣고 크게 놀라, 장군 금순(金純)·진흠(眞欽)·천존·죽지를 지휘관으로 하는 부대를 증원해주려 하였으나, 가시혜진(加尸兮津)에 이르러 먼저 사비 구원에 나섰던 부대가 가소천(加召川)까지 물러났다는 소식을 듣고 돌아왔다. 그러자 태종무열왕은 패전에 대한 처벌을 논의했다.

백제 부흥 세력의 반격으로 신라군이 이렇게 고전하는 사이, 백제를 구원하기 위해 출발했다던 천황의 배는, 돌아와

나노오쓰[나대진娜大津]에 도착, 이하세노카리미야[반뢰행궁磐瀨行宮]에 머물렀다 한다. 여기서 천황은 한가하게 이곳 이름을 나가쓰[장진長津]로 고치고 있었다 한다.

4월에는 이렇게 한가하게 세월을 보내고 있는 천황에게, 백제의 복신이 왕자 규해(糾解: 대개 '부여풍'으로 본다)를 보내 달라고, 사신을 보내 표를 올렸다고 적어놓았다. 그래 놓고 승려 도현의 『일본세기(日本世記)』를 또 인용하여 "백제의 복신이 글을 올려 규해를 일본에 청했다고 적고 있다"며 그리 큰 차이가 나지 않는 내용을 반복했다. 여기서 그치지 않고 이름도 밝히지 않은 어떤 책[혹본或本]을 또 인용하여, 4월에 천황이 "아사쿠라노미야[조창궁朝倉宮]로 거처를 옮겼다고도 한다"를 내용을 굳이 적고 있다.

5월 9일(또는 11일)에 고구려 장군 뇌음신(惱音信)이 말갈 장군 생해(生偕)의 부대와 합류하여 술천성(述川城)을 공격해 왔다. 이 공략에서 큰 전과를 거두지 못하자, 북한산성으로 공격 목표를 바꾸었다. 북한산성을 공략하던 고구려군은 포차(抛車)를 벌여놓고 돌을 날리는 전술을 썼다. 고구려군의 포차에서 날아온 돌에 맞은 성가퀴나 건물이 무너지며 위기에 몰리자, 성주(城主) 대사 동타천(冬陁川)은 마름쇠를 성 밖으로 던져 깔게 했다. 그렇게 해서 사람이나 말이 다닐 수 없게 만들어놓고, 안양사(安養寺)의 창고를 헐어 얻은 목재로 성의 무너진 지점에 망루를 만들었다. 그리고는 밧줄을 그물 같이 엮어, 말·소가죽과 솜옷을 걸쳐놓고 그 안에 노포(弩砲)를 배치하여 고구려군의 공격에 대응했다.

이때 성 안에는 남녀를 다 합쳐도 2,800명밖에 없었다. 이런 상황에서도 성주 동타천은 어린이와 노약자까지 격려하며 20여 일을 버텨냈다. 하지만 식량이 떨어지고 지쳐 어려움 상황을 맞았다. 그래서 지극한 정성으로 하늘에 빌었더니, 큰 별이 적진에 떨어지고 천둥과 비에 벼락까지 치자, 고구려군이 포위를 풀고 물러갔다 한다. 태종무열왕은 동타천을 치하하고 관등을 대나마로 올려주었다. 이후 압독주를 대야(大耶)로 옮기고 아찬 종정(宗貞)을 도독으로 삼는 조치를 취했다.

이해 6월, 대관사(大官寺)의 우물물이 핏물이 되었고, 금마군(金馬郡) 땅에도 넓이가 다섯 보(步)에 달하는 피가 흘렀다 한다. 이런 일이 있고 난 뒤 왕이 죽었다. 무열(武烈)이라는 시호를 붙이고, 영경사(永敬寺)의 북쪽에 장사 지냈다. 묘호(廟號)로 태종(太宗)을 올렸다. 당 고종도 이 소식을 듣고 낙성문(洛城門)에서 애도식을 거행했다.

김유신의 부각

태종무열왕을 언급할 때 빼놓을 수 없는 인물이 김유신(金庾信)이다. 그럴 만큼 김유신은 태종무열왕의 활동에 결정적인 도움을 주었다. 사실 김유신은 신라 뿐 아니라, 고대국가어떤 인물보다도 기록으로 남아 있는 활약상이 많다. 따라서 그의 이야기는 따로 정리해 둘 필요가 있을 것이다.

그런 김유신은 금관가야 왕족 출신이다. 신라 사람들이 <u>스스로</u> "소호금천씨(少昊金天氏: 상고시대 황제의 맏아들)의 후예이므로 성을 김(金)이라 한다"고 공언하였는데, 김유신의 비에도 "소호의 자손"이라는 구절이 있음을 빌미로 수로와 신라 왕실이 같은 성씨였다고 몰았다.

그런 만큼 금관가야 왕실은 신라에 큰 기여를 했다. 우선 금관가야 마지막 왕인 구형왕의 아들이었던 김유신의 할아버지 무력(武力)은 백제 성왕의 침공을 격퇴할 때 결정적인 공을 세운 바 있다. 아버지 서현(舒玄)은 벼슬이 소판(蘇判) 대량주도독(大梁州都督) 안무대량주제군사(安撫大梁州諸軍事)에이르렀다. 김유신의 비에는 '아버지가 김소연(金逍衍)'이라되어 있는데,『삼국사기』에는 '서현이 고친 이름인지 소연이자(字)인지 몰라 둘 다 적어 둔다'고 되어 있다.

그런데 김유신의 부모가 만나게 된 사건이 드라마틱하다.

아버지 서현이 길에서 숙흘종(肅訖宗)의 딸 만명(萬明)을 보고, 마음에 들어 눈짓으로 꾀어, 중매를 거치지 않고 정을 통했다. 그 뒤 서현이 만노군(萬弩郡) 태수(太守)가 되어 만명과 함께 떠나려 할 때, 숙흘종은 딸이 서현과 정을 통한 것을 눈치챘다. 그래서 딸을 별채에 가두고 사람을 시켜 지키게 했다. 그때 벼락이 문간을 때려 지키던 사람이 놀라는 사이에, 만명은 창문으로 빠져나가 서현과 함께 만노군으로 도망갔다는 것이다.

그 뒤 아버지 서현이 경진일(庚辰日) 밤에 형혹성(熒惑星)과 진성(鎭星) 두 별이 자기에게로 내려오는 꿈을 꾸고, 어머니 만명도 신축일(辛丑日) 밤에 한 어린아이가 황금 갑옷을 입고 구름을 타고 집 안으로 들어오는 꿈을 꾸었다. 그리고는 곧바로 임신하여 20개월 만에 유신을 낳았다 한다. 이때가 595년이다. 유신이라는 이름은 어머니 만명이 태몽을 꾼 경진일의 글자와 통하는 유(庾)자와 신(信)자를 따서 지었다한다. 『삼국유사』에는 그가 7요(曜: 일日·월月· 화火·수水·목木·금金·토土)의 정기를 받고 태어나 등에 일곱 별의 무늬가 있었다고 되어 있다.

유신은 나이가 15세 되던 해에 화랑(花郞)이 되었다. 그를 당시 사람들이 따르면서, 용화향도(龍華香徒)라는 무리가 생겼다. 611년(진평왕 28), 김유신이 17세가 되었을 때, 고구려·

백제·말갈의 침략을 막아낼 뜻을 품고 홀로 중악(中嶽) 석굴에 들어갔다.

이곳에 들어온 지 나흘째 되는 날에 거친 털옷을 입은 한 노인이 나타나 이곳에 들어온 이유를 물었다. 김유신이 자신의 포부를 밝히며 방법을 알려달라고 간청하자, 마지못해 비법(秘法)을 가르쳐주었다 한다. 그 노인의 이름은 난승(難勝)이라 되어 있다. 612년(진평왕 34)에도 혼자서 보검(寶劍)을 가지고 열박산(咽薄山) 깊은 골짜기 속으로 들어가 맹세하며 "보검에 신령을 내려 달라"했더니, 3일째 밤에 허성(虛星)과 각성(角星)의 빛이 칼로 내려왔다는 이야기도 있다.

『삼국유사』에는, 그가 18세가 되던 해에 국선이 될 때 일어났던 에피소드가 남겨져 있다. 어디 출신인지 알 수 없던 백석(白石)이란 자가 여러 해 동안 유신이 이끄는 낭도의 무리에 속해 있었다. 고구려와 백제를 제압하고 싶어 하는 김유신의 뜻을 알게 된 백석은 "자신과 함께 그 나라들을 정탐하자"는 제의를 했다.

그런데 이런 중에 정체를 알 수 없는 여자 셋이 나타나 맛있는 과자를 주며 말을 걸어왔다. 즐겁게 이야기를 나누던 중 여인이 "백석을 잠시 떼어놓고 숲속으로 함께 들어가 얘기하자"고 했다. 함께 숲속으로 들어가자 그녀들은 갑자기 신으로 변하며, 찾아온 이유를 털어 놓았다.

"우리들은 내림(奈林), 혈례(穴禮), 골화(骨火) 등 세 곳의 호국신인데, 적국 사람이 당신을 유인하여 가는데도 모르고 따라가는 것을 말리려고 왔다"하고 자취를 감추었다. 김유신은 이 말을 듣고 놀라 쓰러졌다가, 정신을 차린 후 두 번 절을 하고 숲을 나왔다. 이후 골화관(骨火館)에 머물며 "중요한 문서를 잊고 왔으니, 함께 집에 돌아가서 가지고 오자"고 백석을 설득했다. 그렇게 돌아온 김유신은 백석을 붙잡아 심문하여 배경을 알게 되었다. 그 내막은 이랬다.

고구려 왕이 나라의 경계에 있는 하천물이 거꾸로 흐르자, 점쟁이 추남(楸南)을 불러 이유를 물었다. 그러자 추남은 왕비가 '음양의 도를 거슬렀기 때문에' 이러한 일이 생겼다는 답을 내놓았다. 왕비가 이 말에 펄쩍 뛰자, 왕은 추남의 능력을 시험해보고 맞지 않으면 중형에 처하기로 했다. 그래서 쥐 한 마리를 상자에 넣어두고 맞춰보라 하자, 추남은 '쥐 여덟 마리'라는 답을 내놓았다. 숫자가 틀렸다며 처형하려 하자, 추남은 '죽은 다음 대장으로 태어나 고구려를 멸망시켜버리겠다'고 했다. 그를 죽이고 나서 쥐의 배를 갈라보니 새끼 일곱 마리가 있었고, 그날 밤 고구려 왕의 꿈에 추남이 신라의 서현공 부인의 품에 들어가는 장면이 나왔다. 그래서 신하들의 해몽을 물어보니 "추남이 한을 품고 죽어 그렇다"고 했다. 그래서 불안을 느낀 고구려에서 자신을 보내

유신을 납치할 계획을 꾸미게 하였던 것이라고 실토한 것이다. 김유신은 백석을 죽이고 삼신에게 제사를 지냈다 한다.

김유신의 활약상에 대한 신화

629년(진평왕 51) 8월, 신라에서 고구려의 낭비성(娘臂城)을 공격할 때, 김유신의 활약으로 승리를 거둔 바도 있었다. 642년(선덕여왕 11), 백제의 침공으로 김춘추의 딸 고타소랑(古陀炤娘)이 남편 품석(品釋)과 함께 죽었을 때, 김춘추가 고구려에 구원병을 요청하려 했다. 이를 위해 그가 고구려로 떠날 때, 김유신은 '만약 김춘추가 돌아오지 않는다면 고구려·백제를 짓밟아버리겠다'고 맹세했다.

여기서부터는 「신라본기」의 이야기와 조금 다른 내용이 나타난다. 김춘추는 이때 60일을 '데드라인'으로 정하고 고구려로 떠났다. 그런데 고구려 측에서는 태대대로(太大對盧) 개금(蓋金)에게 특별하게 대접하면서 "마목현(麻木峴)과 죽령(竹嶺) 지역을 돌려달라"는 요구를 해왔다. 처음에는 김춘추가 "내 마음대로 할 수 있는 일이 아니다"면서 거절했다가 연금당했다. 이때 김춘추는 청포 300보(步)를 은밀히 왕이 총애하는 신하 선도해(先道解)에게 주었더니, 그는 김춘추와 술을 마시면서 '거북과 토끼 이야기'를 꺼냈다. 무엇을 시사하는지 알아들은 김춘추가 고구려 왕에게 "요구한 땅을 돌려드리도록 노력하겠다"고 맹세하고 고구려를 벗어났다 한다.

이 과정에서 60일이 지나자, 김유신은 군사 3,000병력을 선발하여 출동 태세를 갖추었다. 이를 승려 신분의 고구려 간첩 덕창(德昌)이 고구려 왕에게 보고했다. 고구려 측에서는 이미 김춘추의 약속을 받은 상태에서 충돌을 빚을 필요 없다고 보고, 김춘추를 후하게 대접하여 돌려보냈다는 것이다.

선덕여왕 때가 되면 김유신의 활약은 더 부각된다. 선덕여왕 11년 압량주 군주(軍主)가 되었다가 13년에 소판(蘇判)이 되었다. 이해 9월, 선덕여왕은 김유신을 상장군으로 삼아 백제의 가혜성(加兮城), 성열성(省熱城), 동화성(同火城) 등 일곱 성을 점령하고 가혜진(加兮津)을 열었다.

645년(선덕여왕 14), 그의 활약은 극에 달했다. 정월에 출동했다가 돌아와, 왕을 뵙기도 전에 또다시 백제의 대군이 신라 매리포성(買利浦城)을 공격한다는 보고가 들어왔다. 선덕여왕은 또다시 유신을 상주(上州) 장군으로 임명하여 방어에 나서게 했다. 유신은 명령을 받자마자, 처자식도 만나지 않고 전장으로 달려갔고 백제군에 대한 반격을 통해 2,000명을 죽이는 전과를 올렸다.

이렇게 전투를 치른 뒤, 3월 돌아와 왕에게 보고하고 미처 집으로 돌아가기 전에 또 백제군의 침공을 알리는 급보가 들어왔다. 선덕여왕은 다시 유신에게 출동을 요구했고, 유신이 또 집에 들르지 않고 전장으로 떠났다. 이때 김유신 집 안사람들이 모두 문밖에 나와서 기다리고 있었는데, 김유신은 자기 집 앞을 돌아다보지도 않고 지나쳤다 한다. 그런데 50보쯤 가다가 말을 세우게 하고, 사람을 시켜 집에 가서 미음[장수漿水]을 가져오게 하여 마시고는 "우리 집 물맛은 그대로구나!"라고 했다. 그래서 많은 군사들이 이를 보고 감동을 받아 오랜 전투에 지쳐 있었음에도 사기를 유지한 채 출동했고, 이를 본 백제군도 진격하지 못하고 물러났다는 것이다. 선덕여왕이 이 소식을 듣고 대단히 기뻐하며 벼슬과 상을 더하여 주었다.

선덕여왕 말년이자 진덕여왕 원년에 해당하는 647년(진덕여왕 1)에 일어난 비담과 염종의 반란에서 보인 활약상 역시 기록으로 남았다. 이때 선덕여왕은 왕궁인 월성을 거점으로, 비담 세력은 명활성(明活城)을 거점으로 대치했다. 10일에 걸친 공방전에도 결판이 나지 않았는데, 한밤중에 큰 별이 월성에 떨어지는 일이 있었다. 비담 측에서는 병사들에게 "별이 떨어진 아래에는 반드시 불길한 일이 생긴다 하니, 이는 틀림없이 여왕이 패할 징조"라며 선전했다. 그렇게 비담 세력의 사기가 오르자, 선덕여왕도 두려움에 휩싸였다.

이때 김유신이 나섰다. "길흉은 사람이 하기 나름이니, 걱정 하지 말라"하며 조치를 취했다는 것이다. 그는 허수아비를 만들어 불을 붙인 다음 연에 실어 띄우고는, 다음 날 "어제 밤에 떨어진 별이 다시 올라갔다"는 소문을 퍼뜨렸다. 그리고 흰 말을 잡아 별이 떨어진 곳에서 제사를 지내 아군의 사기를 회복시키고 비담 세력을 공략하여 승리를 거두었다는 것이다.

이해 10월 백제군이 무산성(茂山城)·감물성(甘勿城)·동잠성(桐岑城) 등 세 성을 포위·공략해 왔을 때의 에피소드도 남아 있다. 이때에도 선덕여왕은 유신에게 1만 병력을 주어 막도록 했다. 그러나 이 전투에서 신라군이 고전하며 기세가 꺾이자 김유신은 자신이 직접 실행한 바 있는 비상수단을 썼다.

비령자(丕寧子)를 불러 "자네가 아니면 병사들의 마음을 움직일 수 없겠다"며 사기 진작을 위한 희생을 요구한 것이다. 비령자는 "감히 명을 따르지 않을 수 있겠습니까?"하고는 적진으로 돌격했고, 이때 아들 거진(擧眞)과 종[가노家奴] 합절(合節)까지 그를 따라 전사했다. 이를 계기로 사기를 올린 신라군은 백제군을 격파하며 3,000여 명을 죽이는 전과를 올렸다.

648년(진덕여왕 2)에 김춘추가 당나라에 군사원조를 청할 때에도 김유신에 대한 언급이 나온다. 당 태종은 "명성이 높은 너희 나라 김유신의 사람됨이 어떠한가?"를 물어왔다. 이때 김춘추는 "유신은 다소의 재주와 지략이 있으나 황제의 위엄을 빌리지 않으면 걱정거리인 이웃 나라를 어찌 없앨 수 있겠느냐"고 했다. 이를 들은 당 태종이 "신라는 군자의 나라"라며 백제 정벌군을 보내주었다 한다.

이때 즈음 김유신이 지방관인 압량주 군주(軍主)로 있었을 때의 에피소드도 남아 있다. 김유신은 마치 싸울 뜻이 없는 것처럼 놀며 몇 달을 보내니, 그 지역 사람들이 유신을 비난했다 한다. "편안하게 지낼 때 힘을 축적하여 한번 전투를 해 봄직한데 장군이 용렬하고 게으르니 어찌할 것인가"라 했다는 것이다. 이 말을 들은 김유신이 진덕여왕에게 일전을 치러보자고 건의했다.

진덕여왕은 "작은 나라가 큰 나라를 건드렸다가 위험을 당하면 어떻게 하겠느냐?"며 두려움을 표시했지만 김유신은 "전쟁의 승부는 나라의 크기에 달린 것이 아니고 민심에 달려 있다. 지금 우리 백성의 사기가 높으니 백제는 두려워할 바가 못 된다"며 진덕여왕의 허락을 받아냈다. 그래서 압량주의 군대를 출전시켜 대량성(大梁城) 공략에 나섰다. 이 전투에서 유인 작전을 벌여 백제군을 격파했다. 그 결과 백제 장군 여덟 명을 사로잡고 전사자와 포로를 합쳐 1,000명[급

級]에 달하는 피해를 주었다. 그리고 백제 측에 사신을 보내 "우리 군주(軍主) 품석과 그의 부인 유골을, 포로로 잡힌 백제 장수 여덟 명과 교환하자"고 제안했다. 이 제안을 받은 백제의 좌평 중상(仲常: 또는 충상忠常)이 "신라인의 해골을 가지고 있어봐야 좋을 것이 없으니, 제안을 받아들이자" 하여 교환이 성립되었다.

그러고도 백제의 영토로 진격하여 악성(嶽城) 등 12성을 함락하고 2만여 명을 죽이고, 9,000명을 사로잡는 전과를 올렸다 한다. 그 공로를 인정받아 이찬으로 승진하며, 상주(上州) 행군대총관에 임명되었다. 또다시 적의 영토에 들어가 진례(進禮) 등 아홉 성을 함락하여 9,000여 명을 죽이고 600명을 포로로 잡았다. 그런 다음 당에서 돌아온 김춘추와 만나 덕담을 나누었다.

648년(진덕여왕 2) 8월, 백제 장군 은상(殷相)이 석토성(石吐城) 등 일곱 성을 공격하여 왔을 때, 신라 측에서는 유신과 죽지(竹旨), 진춘(陳春), 천존(天存) 등의 장군을 출동시켜 방어에 나섰다. 이 전투에서 양쪽이 팽팽하게 맞서며 승부가 나지 않고 있을 때, 동쪽으로 날아가는 물새가 유신의 군막을 지나갔다. 이를 불길한 징조라고 여기며 사기가 죽자, 김유신은 "오늘 침투해 올 백제 간첩을 검문하지 말고 통과시키라"는 명령을 내렸다. 그리고는 간첩에게 "내일 원군이 올

테니 결전을 하겠다"는 정보를 흘려 백제군의 사기를 떨어뜨려놓고 공격하여 대승을 거두었다. 이 전투에서 달솔 정중(正仲)과 병사 100명을 생포하고 좌평 은상·달솔 자견(自堅) 등 10명과 병사 8,980명을 죽이면서 말 1만 마리와 투구 1,800벌을 비롯하여 많은 전리품을 노획했다. 그리고 돌아오는 길에 항복해 온 백제 좌평 정복(正福)과 병사 1,000명을 만나자 모두 풀어주었다고 한다. 이렇게 승리를 거두고 수도로 돌아오자, 왕이 성문까지 나와 맞았다.

가문의 위상까지 다져놓은 김유신

654년(진덕여왕 8) 후계자 없이 진덕여왕이 죽자, 유신은 알천(閼川)과 논의하여 김춘추를 즉위시키는 데 결정적 역할을 했다. 655년(태종무열왕 2) 9월, 김유신이 백제 도비천성(刀比川城)을 함락하면서, "지금 백제의 죄가 커서 재앙과 괴변이 속출하고 있으니, 하늘의 뜻에 따라 정벌해야 할 때"라는 의견을 왕에게 올렸다.

그러면서 백제의 포로가 되었다가 돌아온 부산현령(夫山縣令) 조미갑(租未)을 이용하여 백제 좌평 임자(任子)와 유사시 서로 돕자는 물밑 접촉을 했다. 이것이 일반적으로는 임자가 일방적으로 백제를 팔아넘긴 것으로 알려져 있으나, 실제 내용은 "그대의 나라가 망하면 그대는 우리나라에 의지하고, 우리나라가 망하면 나는 그대의 나라에 의지하겠다"는 것이었다. 백제의 사정에 대한 정보는, 이 뜻을 전한 조미갑이 김유신에게 따로 알려준 것으로 되어 있다.

660년(태종무열왕 7) 백제 정벌에서 당의 장군 소정방은 김유신, 김인문, 양도(良圖) 세 사람에게 "전권(全權)을 가지고 있는 내가, 지금 얻은 백제의 땅을 그대들에게 나누어 식읍으로 주고 싶은데 어떤가"라는 의사를 물었다. 이때 김유신은 "사사로운 이익은 의리상 챙길 수 없다"며 받지 않았다. 그런데 이렇게 반응한 이유는 김유신이 단순히 청렴결백했기 때문만은 아니었음을 시사하는 내용이 있다. 바로 뒤에 "당나라 사람들이 백제를 멸망시킨 다음 신라까지 칠 계획을 세우고 있었다"는 이야기가 이어진다. 이를 보면, 유력한 신라 왕족·귀족들에게 백제 땅을 나눠주면서 자체 분열을 유도하려 했음을 알 수 있을 것이다. 이를 알아본 김유신이 소정방의 제의를 거절한 듯하다.

신라 측에서도 당의 속셈을 간파하고 대책을 세웠다. 이때 다미공(多美公)이 "우리 군사에게 백제 옷을 입혀서 당나라 군대를 공격해 물러나게 하자"는 의견을 냈다. 김유신도 이 전략을 지지하자, 태종무열왕은 "당나라의 원조를 받고

도 그들과 싸워도 되겠는가"를 물었다. 김유신은 "개도 주인이 다리를 밟으면 무는 법이니, 우리도 살 궁리를 해야 하니 허락하여 달라"했다.

당 측에서도 신라가 대책을 세우고 있음을 간파하고는, 유인원(劉仁願) 등을 남겨놓고 백제 포로들과 함께 대부분의 병력을 철수시켰다. 소정방이 귀국하자, 당 황제는 "어찌 내 친 김에 신라도 치지 않았는가?"를 물었고, 소정방은 "신라는 임금이 어질어 단결이 잘되고 있기 때문에 작은 나라이지만 함부로 건드릴 수가 없었다"는 답을 내놓았다. 『삼국유사』에는 "소정방이 백제와 고구려를 친 다음 신라까지 치려고 하자, 이를 눈치 챈 유신이 당나라 병사들에게 향연을 베풀며 독약을 먹여 죽이고는 구덩이에 묻었다. 지금의 상주지역에 당교(唐橋)가 있는데 이것이 그들을 묻은 땅"이라는 이야기가 나온다. 물론 이 기록을 적어놓은 『삼국유사』 자체에서까지 회의적일 정도로 역사적 사실과는 거리가 있다. 단지 이때 신라까지 집어 삼키려는 당의 의도가 신라와 갈등을 빚었다는 점 정도를 예측할 수 있을 뿐이다.

백제를 멸망시킨 다음 해 문무왕은 백제 잔여 세력을 소탕하기 위해 품일(品日)과 문왕(文王)·양도 등을 지휘관으로 하는 부대를 파견하였으나, 전과를 거두지 못했다. 그래서 다시 흠순(欽純: 또는 흠춘欽春), 진흠(眞欽), 천존(天存), 죽지

(竹旨) 등을 보냈다. 그런데 신라의 정예 병력이 백제 땅에 가 있는 틈을 타 고구려가 북한산성(北漢山城)을 포위했다. 이 소식을 들은 김유신이 제단을 마련하고 기도를 드렸더니, 갑자기 큰 별이 적진지에 떨어지고 천둥과 벼락이 치면서 비가 오는 바람에 적들이 포위를 풀고 물러났다 한다.

김유신의 능력을 설화적으로 포장하려는 이야기는 또 있다. 한가윗날 밤에 가족과 함께 대문 밖에 서 있는데, 어떤 사람이 서쪽에서 왔다는 이유만으로 김유신은 그가 고구려 첩자임을 알아보았다고 한다. 그래서 그를 불러 세우고 다짜고짜 "너희 나라 사정을 말하라"고 다그쳐놓고는, 대답을 듣지 못하자 "우리나라는 임금과 백성이 서로 아끼며 단결이 잘 되니 너희 나라 사람들에게 알려라"고 달래어 돌려보냈단다. 이 말을 전해 들은 고구려 사람들이 "신라는 비록 작은 나라이지만 유신이 재상을 하고 있는 한 가볍게 볼 수가 없다."고 했다는 것이다.

당나라가 고구려를 정벌할 때 김유신의 활약상에 대해서도 많은 기록을 남겨놓았다. 이 원정군이 남천주(南川州)에 이르러 당의 장수 유인원도 합류했을 때, "백제의 잔당이 옹산성(甕山城)에 모여 길을 막고 있어, 곧바로 전진할 수 없다"는 보고가 들어왔다. 이 성 공략에서도 김유신이 아군은 물론 적에게 설교한 내용을 장황하게 남겨놓았다. 문무왕도 눈물을 흘리며 병사들을 격려했다 한다. 그렇게 병사들의 사기를 올려, 9월 27일 성을 함락한 다음의 뒤처리도 고전적이다.

적의 장수는 처형하고 그 백성은 놓아주었으며, 공을 논하여 유인원과 함께 아군 장수와 병사에게 상을 주고 잔치를 베풀어 사기를 올린 뒤 당나라 군대와 합류하려 했다. 그래서 미리 도착해 있던 소정방에게 사신을 파견하여 사정을 알아보니, "식량 보급을 못 받아 위태로우니 조치를 취해 달라"는 요청을 받았다. 하지만 신라군 참모들의 의견은 "적진 깊숙이 식량 수송은 무리"라는 것이었다. 이런 문무왕의 걱정도, 김유신이 앞장서서 상당한 희생을 감수하고 병사들을 격려하며 소정방에게 식량을 전달했다.

그러나 식량을 전달한 보람도 없이 소정방은 보급만 받고 당으로 돌아갔고, 신라 장군 양도(良圖) 역시 800명의 병력과 함께 바다를 통해 귀국했다. 그래서 김유신이 지휘했던 신라군은 돌아오는 길에 고구려 군의 매복 기습에 시달렸다. 그래도 김유신의 기지 넘치는 대응 덕분에 반격하여 장수 한 명을 사로잡고, 1만여 명을 전사시키는 전과를 올리면서 철수했다. 김유신은 이 공로로 또 식읍과 벼슬을 받았다.

663년(문무왕 3)에도 백제 부흥군 제압에 김유신이 활약했다. 문무왕이 친히 유신, 인문, 천존(天存), 죽지(竹旨) 등과 함께 7월 17일에 정벌에 나섰다. 웅진주(熊津州)에서 유인원의 군대와 합류한 다음 8월 13일에 두솔성(豆率城)에서 백제·왜 연합군을 격파했다. 문무왕은 포로로 잡은 왜인들에게 "우리와 너희는 바다를 사이에 두고 있어 일찍이 전쟁한 일도 없이 우호적으로 지내왔는데, 무엇 때문에 지금 백제와 손잡고 우리와 싸우느냐?"며 역사 왜곡을 겸한 설교를 한 다음, "차마 죽이지 못하겠다"며 풀어주었다 한다. 이때 임존성(任存城)은 함락하지 못하였으나, 다른 성이 모두 항복했다는 점에 만족하여 돌아온 다음, 유신에게 토지 500결을 내려주었다.

664년(문무왕 4) 3월에 사비성에서 일어난 백제 부흥운동에서는, 자욱한 안개 때문에 제대로 싸울 수가 없었음에도, 출전하지도 않은 김유신의 묘책 덕분에 이겼다고 한다. 665년(문무왕 5)에는 김유신이 당 고종에게 봉상정경(奉常正卿) 평양군(平壤郡) 개국공(開國公) 식읍(食邑) 2,000호(戶)를 받았다. 그리고 666년(문무왕 6)에는 김유신의 맏아들 삼광(三光)이 당 고종에게 좌무위익부중랑장(左武衛翊府中郞將) 벼슬을 받고, 숙위(宿衛)하게 되었다.

668년(문무왕 8) 당이 또다시 고구려 정벌에 나섰을 때에도 신라군이 파병되었고, 이때도 김유신이 같이 가야 한다는 말이 나왔으나, 문무왕이 "보배 같은 세 신하를 한꺼번에 적지로 보냈다가 한꺼번에 돌아오지 못하는 사태가 우려된다"
면서 김유신을 남겨 두었다. 그래도 이때 떠난 흠순 등이 김
유신에게 '좋은 말'을 듣고 떠났다고 한다.

고구려를 멸망시킨 다음 돌아온 문무왕은, 신하들에게 이
번 원정에는 출전하지 않았지만 김유신의 할아버지 때부터
의 공적을 나열해 치하했다. 이 가문의 노고가 없었다면 신
라가 어찌 되었을지 알 수 없다며, 김유신에게 어떤 지위와
상을 주는 것이 좋겠느냐고 물었다. 모든 신하가 공감하고
지지했다. 그래서 김유신에게 태대서발한(太大舒發翰)의 직
위와 식읍 500호와 함께, 수레와 지팡이를 하사하고 대궐에
오르면서 몸을 굽히지 않아도 되는 특혜를 주었다. 이에 더
하여 김유신의 측근들에게도 각각 위계 한 등급씩 올려주었
다. 당에서도 김유신에게 상을 내려주며, 당나라에 들어와
조회(朝會)하라 했지만 실행하지 못했다. 당에서 보내온 이
조서는 집에 전하여 오다가 5대손[세손世孫] 때 잃어버렸다
한다.

그러던 673년(문무왕 13), 봄에 이상한 별이 나타나고 지진
이 있어 왕이 걱정하자 김유신은 "지금 이변은 자신과 관련
된 것일 뿐, 나라의 재앙이 아니니 근심하지 말라"했다. 그렇
지만 문무왕은 "그렇다면 더욱 걱정"이라며 담당 부서에 김
유신을 위해 기도하라는 명을 내렸다 한다. 그렇지만 6월, 무

장한 수십 명이 유신의 집에서 울며 떠나가는 것이 목격되는 일이 있었다. 이 소식을 들은 김유신은 "나를 보호하던 음병(陰兵)이 떠나간 것이니, 곧 죽게 될 것"이라 하며, 10여 일후 병으로 누웠다. 문무왕이 문병을 가자 유신은 "다시 뵙지 못할 것"이라 했고, 문무왕이 "경이 없으면 어찌 하느냐" 걱정했다. 그러자 김유신은 덕담으로 위로했고, 문무왕이 받아들였다 한다.

그런 후인 7월 1일, 김유신이 자기 집 자기 방에서 79세로 죽었다. 문무왕은 슬퍼하며 비단 1,000필과 조(租) 2,000섬을 주며, 군악(軍樂)의 고취수(鼓吹手) 100인을 보내 금산원(金山原)에 장사(葬事) 지내주었다. 그리고 담당 관서에 명하여 공적을 기록하게 한 다음, 그의 무덤을 지키는 백성을 배치했다.

김유신 가족과 후손에 대한 설화들

아내 지소부인(智炤夫人)은 태종무열왕의 셋째 딸로, 맏아들 이찬 삼광(三光)부터, 소판 원술(元述), 해간(海干) 원정(元貞), 대아찬 장이(長耳)이며, 대아찬 원망(元望)의 아들 다섯을 낳았다. 여기에 딸 넷과, 서자(庶子)로 아찬 군승(軍勝)이 있었다 하는데, 그의 어머니는 성씨조차 전하지 않는다. 지소부인이 후에 머리를 깎고 비구니가 되자, 문무왕은 "지금 나라가 편안해진 것은 태대각간의 공이고, 내조의 힘이 컸으니, 남성(南城)의 조(租)를 매년 1,000섬씩 주겠다"고 했다. 나중에 흥덕왕은 김유신을 흥무대왕(興武大王)으로 책봉했다.

『삼국유사』에는 이렇게 김유신 가족과 부인을 언급하고 나서 둘째 원술에 대한 이야기가 나온다. 백제와 고구려를 멸망시킨 뒤, 신라가 당과 전쟁을 벌일 때 문무왕은 의복(義福)·춘장(春長)이 지휘하는 부대를 보내 당군을 맞았다. 이때 장창당(長槍幢)만이 따로 움직이다가 당나라 군사 3,000명을 포로로 잡는 전과를 올렸다. 그러자 다른 부대들도 공을 세우려고 따로 움직이다가, 신라군이 각개 격파되는 사태로 인해 대패하여 장군 효천(曉川)과 의문(義文) 등이 죽었다.

이런 상황에서 비장(裨將) 지위에 있던 원술(元述)은 끝까지 싸우다 죽으려고 했으나, 부하 담릉(淡凌)이 말리는 바람에 실패했다. 이후 신라군은 거열주(居烈州) 대감(大監) 일길간(一吉干) 아진함(阿珍含)의 희생 덕분에 간신히 빠져나왔다. 이들이 수도로 돌아오자, 문무왕은 김유신에게 이때의 실패를 어찌 처리할지 의논했다. 김유신은 "당의 술책에 말려들지 않으려면 자기 위치를 지키게 해야 하겠다"는 원론과 함께 아들인 원술의 목을 베어야 한다는 의견을 내놓았다. 문무왕은 "비장(裨將)에 불과한 원술에게만 중형을 내릴 수 없다"며 용서해주었지만, 장본인 원술은 감히 집으로 돌아가지 못하고 시골 농장에 숨어 살았다 한다.

김유신이 죽은 뒤에 어머니를 보려 하였지만, 어머니조차 도리를 내세우며 만나주지 않았다. 원술은 담릉을 탓하며 태백산(太伯山)으로 들어갔다가 675년(문무왕 15)에 당나라 군대에 결정적인 타격을 준 매소천성(買蘇川城) 전투에서 공을 세워 상을 받았다. 그러나 원술은 부모에게 용서 받지 못한 것을 한스럽게 여겨 벼슬하지 않고 세상을 마쳤다 한다.

김유신의 자손에 대한 이야기는 아들 대에서 그치지 않는다. 그가 죽은 뒤 상당히 시간이 지난 후인 성덕왕(聖德王) 때 활동했던 적손(嫡孫) 윤중(允中)에 대한 이야기도 남아 있는 것이다. 윤중은 대아찬이 되면서 여러 번 임금의 은혜를 입어, 왕의 친족들에게 질시를 받았다. 8월 보름날 왕이 월성(月城) 산 위에 올라 시종하는 관리들과 주연을 베풀고 즐기면서 윤중을 부르게 했더니 누군가 "종실(宗室)·외척 중에도 좋은 사람이 많은데, 왜 관계가 먼 신하를 부르느냐"고 했다.

그러자 왕은 "지금 과인이 경들과 평안하게 지내는 것은 윤중의 조부인 김유신 덕인데, 이를 잊는 것은 의리가 아니다"라며 윤중을 가까운 자리에 앉히고, 김유신의 일대기에 대해 이야기를 나누었다. 그리고 날이 저물어 윤중이 물러날 때, 절영산(絶影山)의 말 한 필을 하사했더니 신하들의 불만

이 컸다 한다.

733년(성덕왕 32), 당에서 사신을 보내 발해 정벌을 위한 파병을 요청하면서, "옛 장군 김유신의 손자 윤중"을 지휘관으로 지목하며 당사자에게도 금과 비단 약간을 보내주었다. 그래서 성덕왕은 윤중과 아우 윤문(允文) 등 네 장군을 지휘관으로 하는 부대를 발해 정벌군으로 파견했다.

윤중의 서손(庶孫) 암(巖)에 대한 이야기도 있다. 그는 총명하고 술법 배우기를 좋아했다. 젊을 때 이찬 지위를 가지고 당에 들어가 숙위할 때, 틈을 내 스승을 찾아 음양가(陰陽家)의 술법(術法)을 배웠다. 실력이 워낙 빨리 늘어, 둔갑입성지법(遁甲立成之法)을 지어 스승에게 준 다음에는 스승조차 제자로 대우하지 못했다 한다. 766년(혜공왕 2)에서 778년(혜공왕 14) 사이에 귀국하여 사천대박사(司天大博士)가 되었고 양주(良州)·강주(康州)·한주(漢州) 세 지방[주州]의 태수(太守)를 역임한 다음, 집사 시랑(執事侍郎)과 패강진(浿江鎭) 두 상(頭上)이 되었다. 가는 곳마다 백성을 잘 보살폈고, 농사철을 피해 여유가 생기면 육진병법(六陣兵法)을 가르쳤다. 메뚜기가 생겨 백성들의 근심이 커지자, 김암이 산마루에 올라가 하늘에 기도하니 갑자기 비바람이 크게 일어나면서 다 죽어버렸다 한다.

779년(혜공왕 15)에 김암이 일본에 사신으로 갔을 때, 일본

왕이 그의 현명함을 알고 억류하려 했다. 그러나 때마침 당의 사신 고학림(高鶴林)이 일본에 와서 김암과 만나 매우 즐거워하니, 왜인들이 중국에도 알려진 김암을 억류하기 부담스러워 돌아오게 되었다 한다.

이해 4월, 유신의 묘소에서 시조대왕의 능에까지 회오리바람이 세차게 불어 캄캄해지며 사람을 분간할 수 없었다. 능(陵)지기가 무덤 속에서 울고 슬퍼하며 탄식하는 듯한 소리가 났다하여, 혜공왕이 대신을 보내 제사 지내고 취선사(鷲仙寺)에 밭 30결을 바쳤다. 바로 이 취선사가 김유신이 고구려·백제를 평정하고 세운 절이었다.

『삼국사기』에는 이런 이야기들이 김유신의 후손이며 신라의 집사랑(執事郎)인 장청(長淸)이 지은 유신의 『행록(行錄)』 10권에 나오는 이야기라고 소개했다. 사실 여기에는 "지어낸 말이 많아 이 중에서 기록할 만한 것을 취하여" 「열전」 '김유신 편'을 지었다는 말을 덧붙였다. 하지만 그렇게 골라낸 이야기 중에서도 믿기 어려운 이야기가 많다. 사실 바로 뒤에 붙여놓은 사론(史論)에서도 "유신과 같은 이는 지금(고려)까지 사대부는 물론, 꼴 베고 나무하는 어린아이까지도 알 만큼 우리나라 사람들의 칭송을 받고 있다"며 뛰어난 인물이라는 점을 강조해놓았다.

제30대 문무왕

즉위한 해의 파란

    태종무열왕의 뒤는 661년(문무왕 1), 맏아들 법민(法敏)이었다. 문무왕의 왕비는 파진찬 선품(善品)의 딸 자의왕후(慈儀王后)다. 문무왕은 영특하고 총명하며 지략이 많았다는 평을 받았다. 아버지 태종무열왕이 즉위한 해에 파진찬 관등으로 병부령이 되었다가 곧 태자로 책봉된 바 있다. 그는 즉위하기 전 해 660년(태종무열왕 7)에 당나라와 함께 백제를 정벌할 때 참전하여 큰 공을 세운 다음 해 왕위에 올랐다.

    즉위한 해 6월, 당나라에서 숙위하던 인문(仁問)과 유돈(儒

敎) 등이 돌아와 보고했다. "당에서 소정방을 지휘관으로 하는 군대를 보내 고구려 정벌에 나섰으니, 신라군도 지원해 달라고 한다. 비록 태종무열왕의 상(喪)중이지만 당의 요청을 들어주어야 한다"는 내용이었다.

그래서 7월 17일, 김유신을 대장군으로, 인문·진주·흠돌(欽突)을 대당(大幢) 장군으로, 천존·죽지·천품(天品)을 귀당(貴幢) 총관으로, 품일·충상·의복(義服)을 상주(上州) 총관으로, 진흠·중신(衆臣)·자간을 하주(下州) 총관으로, 군관(軍官)·수세(藪世)·고순(高純)을 남천주 총관으로, 술실(述實)·달관(達官)·문영을 수약주 총관으로, 문훈(文訓)·진순(眞純)을 하서주 총관으로, 진복(眞福)을 서당(誓幢) 총관으로, 의광을 낭당(郎幢) 총관으로, 위지(慰知)를 계금(罽衿) 대감으로 부대를 편성했다.

8월, 문무왕은 직접 장수들을 거느리고 시이곡정(始飴谷停)에 이르렀다. 이때 "백제 잔당들이 옹산성(甕山城)을 점령하고 길을 막고 있어 진격할 수가 없다"는 보고가 들어왔다. 문무왕은 이들을 설득해보려 했으나 먹혀들지 않았다. 그러자 문무왕은 9월 19일, 웅현정(熊峴停)에서 지휘관을 모아놓고 몸소 결의를 다진 뒤, 진군하여 25일부터 옹산성을 에워 쌌다. 결국 27일에 큰 목책을 불사르고 수천 명을 베어 죽이며 항복을 받아냈다. 승리를 거둔 데 대한 포상으로, 각간과 이찬 지위에서 총관인 사람에게는 검(劍)을, 잡찬·파진찬·대아찬으로서 총관인 사람에게는 창을, 그 이하는 각각 관등 한 등급씩을 올려주었다.

그러고 난 뒤 신라군은 고구려를 공략 중인 당군과 연락을 시도했다. 이때 활약한 인물이 열기(裂起: 또는 연기然起)다. 가문은 물론 성씨조차 전하지 않는 그는, 평양성을 공략하는 당군에 군량을 전달하는 작전에서 김유신의 특명을 받았다. 당군과 연락하는 임무를 맡긴 것이다. 『삼국유사』에는 이때 당 쪽에서는 난새와 송아지 그림을 보내왔고, 무슨 뜻인지 알아보지 못하자 원효대사에게 물었다 한다. 원효는 "빨리 철수하라는 뜻"이라는 해석을 내놓아 신라군이 퇴각했다는 이야기가 설화로 남아 있다.

어쨌든 열기가 구근(仇近: 또는 병천兵川) 등과 같이 임무를 훌륭하게 완수하자, 김유신은 그에게 급찬 관등을 준 다음에도 왕에게 사찬으로 승격시켜 줄 것을 요청했다. 문무왕은 "지나친 것 아닌가"라는 의문을 표시했지만, 김유신은 "공에 맞는 포상"이라 하여 허락을 받아냈다. 나중에 유신의 아들 삼광(三光)이 출세하였을 때 열기는 그에게 가서 군(郡) 태수 자리를 요청했지만, 삼광이 허락하지 않았다. 그러자 열기는 기원사(祇園寺) 중 순경(順憬)에게 "삼광이 자기 아버지가 죽었다고 하여 나를 잊은 것이 아니겠는가"라는 불평을 했고,

순경이 삼광을 설득시켜 삼년산군(三年山郡) 태수를 주도록
했다.

이 뒤에 열기와 같은 활약을 했던 구근(仇近)의 이야기도
붙어 있다. 그는 후에 원정(元貞)공을 따라 서원경(西原京)의
술성(迷城)을 쌓게 되었는데, 원정은 다른 사람의 말을 듣고
구근이 일을 게을리 한다 하여 곤장을 때렸다. 그러자 구근
은 "나는 열기와 더불어 목숨을 걸고 활약하여 대각간에게
국사(國士)로 대접받았는데, 지금 뜬소문을 듣고 나를 죄 주
니 치욕스럽다"고 불평했다. 원정이 이 말을 듣고 평생 부끄
러워하고 후회했다 한다.

신라 측에서는 웅현성(熊峴城)을 쌓았다. 이와 함께 상주
총관 품일이 일모산군(一牟山郡) 태수 대당(大幢)과 사시산군
(沙尸山郡) 태수 철천(哲川) 등과 함께 우술성(雨述城)을 쳐서
적병 1,000명을 전사시키는 전과를 거두었다. 그러자 백제의
달솔(達率) 조복(助服)과 은솔(恩率) 파가(波伽)가 항복해 왔
다. 태종무열왕은 조복에게 급찬(級湌)의 관등을 주고 고타
야군(古阤耶郡) 태수로 삼았으며, 파가에게는 급찬의 관등과
아울러 토지와 집, 옷 등을 내려주었다.

10월 29일, 당 황제의 사신이 왔다는 말을 들은 문무왕은
수도로 돌아왔다. 당 사신은 조문과 함께 태종무열왕에 대한
제사를 지내고, 채색 비단 500단(段)을 전달했다. 대기 중이

던 김유신 등은, 당나라 함자도(含資道) 총관 유덕민(劉德敏)에게 평양으로 군량을 보내 달라는 당 황제의 요청을 전달했다.

『일본서기』에는 여기서부터 덴치천황[천지천황天智天皇] 집권 시기로 옮긴 기록에, 8월 백제를 구하기 위해 아즈미노히라부노무라지[아담비라부련阿曇比邏夫連], 가하혜노모모에노오미[하변백지신河邊百枝臣], 아헤노히케타노히라부노오미[아배인전비라부신阿倍引田比邏夫臣], 모노노베노무라지쿠마[물부련웅物部連熊], 모리노키미오이하[수군대석守君大石] 등과 함께 무기와 식량도 보냈다고 적었다.

그리고 또 굳이 '어떤 책[혹본或本]'을 인용하여 이 뒤에도 계속해서 사이노무라지아지마사[협정련빈랑狹井連檳榔], 하타노미야쓰코타쿠쓰[진조전래진秦造田來津]를 보내 백제를 지키도록 했다고 해놓았다.

9월에는 황태자가 백제 왕자 풍장(豐璋)에게 직관(織冠: 지위를 표시하는 관)을 주며, 오호노오미코모시키[다신장부多臣蔣敷]의 누이를 처로 삼았다는 점을 강조했다. 그리고 백제를 지키기 위해 보냈다는 사이노무라지아지마사, 하타노미야쓰코타쿠쓰으로 하여금 군사 5,000명과 함께, 본국으로 돌아가는 풍장을 호위해주었다. 풍장이 나라에 돌아가자 복신이 마중 나와 절하고, 국정을 맡겼다고 한다.

이 기록 뒤에 뜬금없이 고구려를 돕기 위해 파견되었다는 일본 장군들에 대한 이야기가 나온다. 이들이 백제의 가파리빈(加巴利濱)에 묵으며 불을 피웠는데, 재가 변하며 화살촉이 우는 소리가 났단다. 이 사소한 소리 하나를 근거로 어떤 사람이 "고구려와 백제가 망할 징조인가"라고 말했다 한다. 결국 이런 이야기를 하기 위해 난데없이 고구려를 돕기 위해 파견된 일본 장군의 이야기를 꺼낸 것이다.

그리고 이해 11월 온갖 생색만 냈을 뿐, 백제에 별 도움도 되지 않던 사이메이[제명齊明] 천황도 죽었다. 『일본서기』에는 이 장면에서도 굳이 『일본세기(日本世紀)』를 인용하여, "복신이 잡아 보낸 당나라 포로 속수언(續守言) 등이 쓰쿠시에 도착했다"는 이야기를 적어놓았다. 그리고 나서 "복신이 바친 당의 포로 106명을 하리다[간전墾田]에 정착시켰다"고 하며 이미 지난해에 복신이 당의 포로를 바쳤다고 해놓은 것이 찜찜한 듯, "그래서 지금 여기에 주(注)를 기록하니 알아서 판단하도록 하라"는 말도 덧붙였다. 이렇게 큰 줄기에서 황당한 이야기를 기록해놓고, 지엽적인 문제에서 치밀한 척하는 것이 『일본서기』의 주특기라 할 수 있다.

고구려 정벌과 백제 부흥 운동 진압의 사이에서

662년(문무왕 2) 정월, 객관에 머물고 있던 당나라 사신이 문무왕을 개부의동삼사(開府儀同三司) 상주국(上柱國) 낙랑군왕(樂浪郡王) 신라 왕(新羅王)으로 임명한다는 책명(冊命)을 전달했다. 이후 문무왕은 이찬 문훈을 중시(中侍)로 삼았다. 그리고 김유신에게 인문(仁問)과 양도(良圖) 등 아홉 장군과 함께 수레 2,000여 대에 쌀 4,000섬과 조(租) 2만 2,000여 섬을 평양의 당군에게 전달하라는 명을 내렸다.

그리고 18일, 자신은 풍수촌(風樹村)에서 묵었다. 이때 추위에 얼음이 얼어 미끄러워서 험한 길에서 수레가 나아갈 수 없는 지경에 이르렀다. 그래서 군량을 소와 말의 등에 실어 운반했다. 23일에는 칠중하(七重河)를 건너 산양(蒜壤)에 이르렀다. 이런 와중에 귀당 제감(貴幢弟監) 성천(星川)과 군사(軍師) 술천(述川) 등이 이현(梨峴)에서 적군을 공격하여 죽이는 전과를 올렸다.

『일본서기』에는 이달 27일에 백제 좌평(佐平) 귀실복신(鬼室福信)에게 화살 10만 척, 실 500근, 솜 1,000근, 피륙 1,000단(端), 무두질한 가죽 1,000장, 종자용 벼 3,000석을 주었다고 되어 있다. 백제 부흥세력과 신라·당 연합의 충돌이 장기화되고 있었음을 시사한다.

2월 1일, 김유신이 이끄는 부대는 평양으로부터 3만 6,000보(步) 떨어진 장새(獐塞)에 이르렀다. 먼저 보기감(步騎監) 열기(裂起) 등 15명을 당의 군영으로 보내 도착 사실을 알렸다. 그러나 이날 눈보라가 치는 강추위 때문에 많은 사람과 말들이 얼어 죽었다. 6일에 양오(楊隩)에 도착한 김유신은 아찬 양도(良圖)와 대감 인선(仁仙) 등을 보내 당 군대에 군량을 전해주었다. 이때 소정방에게는 은(銀) 5,700푼, 가는 실로 곱게 짠 베 30필, 두발(頭髮) 30냥(兩)과 우황(牛黃) 19냥을 주었다.

그런데 어렵게 군량을 전달했건만 소정방은 군량을 얻자마자 병력을 돌렸다. 이 소식을 들은 김유신도 역시 부대를 돌려 과천(瓠川)을 건넜다. 고구려 군사가 추격하여 오자, 김유신은 반격을 가해 적병 1만여 명을 전사시키고 소형(小兄) 아달혜(阿達兮) 등을 사로잡았다. 이와 함께 병기 1만여 개를 노획했다. 문무왕은 논공행상을 통하여, 본피궁(本彼宮)의 재화와 토지[전장田莊] 그리고 노비를 김유신과 김인문에게 반씩 나눠주었다.

이후 영묘사에 불이 나는 사건이 있었다. 그리고 탐라국(耽羅國) 우두머리 좌평(佐平) 도동음률(徒冬音律: 또는 진진)이 항복해 왔다. 탐라는 무덕(武德: 이 실체에 대해서는 논란의 여지가 있으나 무령왕으로 보기도 한다) 이래로 백제에 예속되었는데,

우두머리가 백제 관직명인 좌평이었다. 백제가 망한 이때에는 신라에 편입된 것이다.

『일본서기』에는 3월 4일 백제 왕에게 포 300단을 주었다고 한다. 그리고 이것과는 비교하기도 민망한 생색을 냈다. 고구려의 구원 요청을 받아들여, 병력을 보내 소류성(疏留城)에 농성하였기 때문에 당은 고구려의 남쪽 경계를 공략할 수가 없었고, 신라는 그 서쪽의 보루를 함락할 수 없었다고 한 것이다. 물론 대부분의 연구자들은 『일본서기』의 이 부분을 의식하지도 않는다.

『일본서기』에 뭐라고 되어 있건, 비슷한 시기 문무왕은 대규모 사면령을 내렸다. 이때 즈음 문무왕은 백제를 평정한 기념으로 담당 관청에 큰 잔치를 베풀고 술과 음식을 내려 주도록 명했다.

그래도 『일본서기』의 생색은 계속된다. 5월에도 대장군 아즈미노히라부노무라지 등이 170척의 수군을 이끌고 풍장 등을 백제에 보내주었다고 적어놓았다. 그리고 풍장에게 왕위를 계승시키는 조칙을 선포하면서, 복신에게 금책(金策: 금빛 가루로 쓴 책)을 주고 그 등을 어루만지며 칭찬하고 작록(爵祿: 벼슬과 녹봉)을 주었단다. 이런 천황의 은혜에 감복해서, 풍장과 복신이 절하며 조칙을 받자 사람들이 눈물을 흘렸다는 것이다. 물론 믿을 만한 이야기는 못된다. 6월 28일, 백제 측에서 "달솔(達率) 만지(萬智) 등을 보내 조공품을 바쳤다"는 기록도 마찬가지다.

왜가 어떻게 움직였건, 문무왕은 7월에 이찬 김인문을 당나라에 파견하며 토산물을 보냈다. 그리고 8월에는 흠순(欽純) 등 19명의 장군을 보내 내사지성(內斯只城)에 집결해 있는 백제 잔당들을 토벌했다. 그리고 대당 총관 진주(眞珠)와 남천주 총관 진흠(眞欽)이 병을 핑계 삼아 업무를 게을리한다는 이유로 목을 베고 멸족시켰다.

이런 시국에 어머니를 때린 사찬 여동(如冬)이 하늘에서 천둥치고 비가 내릴 때 친 벼락에 맞아 죽었다. 그런데 그 몸에 수△당(須△堂)이라는 글자가 씌여 있었다 한다. 그리고 남천주에서 흰 까치를 바쳤다.

663년(문무왕 3) 정월, 남산신성(南山新城)에 장창(長倉: 쌀과 병기를 저장해두기 위해 지은 창고)을 짓고, 부산성(富山城)도 쌓았다. 2월에는 흠순과 천존이 백제 거열성(居列城)을 공략하여 함락하고, 700여 명을 죽였다. 또 거물성(居勿城)과 사평성(沙平城)도 공격하여 항복을 받아내 덕안성(德安城)에서는 적병 1,070명의 목을 베었다.

이런 상황이었음에도, 『일본서기』에는 3월에 가미쓰케노노키미와카코[상모야군치자上毛野君稚子]와 하시히토노무라지오호후타[간인련대개間人連大蓋], 고세노카무사키노오미오사

[거세신전신역어ㅌ勢神前臣譯語], 미와노키미네마로[삼륜군근마려三輪君根麻呂], 오호야케노오미카마쓰카[대택신겸병大宅臣鎌柄] 등이 지휘하는 2만 7,000명의 병력을 보내 신라를 치게 했다고 적어놓았다.

신라 – 당 갈등의 시작

4월, 당나라는 신라를 계림대도독부(雞林大都督府)로 삼고, 왕을 계림주대도독(雞林州大都督)으로 삼았다. 노골적으로 신라를 속국 취급한 것이다.

5월에는 영묘사 문에 벼락이 쳤다. 이때는 백제의 복신(福信)과 도침(道琛)이 왜에서 부여풍(扶餘豊)을 맞아들여 왕으로 세우고, 웅진성에 주둔하고 있는 유인원(劉仁願)을 포위 공략하는 상황이었다. 그러자 당에서는 유인궤(劉仁軌)에게 검교대방주자사(檢校帶方州刺史) 지위를 겸직하게 하여, 왕문도(王文度)의 부대와 신라군까지 통제할 수 있게 해주었다. 이 덕분에 여러 번의 전투에서 승리는 거두어 포위가 풀렸고, 복신 등은 임존성(任存城)으로 철수했다.

그렇지만 얼마 후 복신이 도침을 죽이고 백제 부흥군 전체를 통솔하게 되었다. 「신라본기」에는 이들의 세력을 일시적으로 감당할 수 없게 되자, 유인궤는 유인원의 부대와 합류하여 휴식을 취하면서 당에 증원을 요청했다 한다. 이에 당 측에서 우위위장군(右威衛將軍) 손인사(孫仁師)를 지휘관으로 하는 군대 40만을 보내왔다. 이 부대는 이전 백제 정벌 때처럼 덕물도(德物島)에 들렀다가 웅진성으로 진격했다. 문무왕도 김유신 등 28명(또는 30명)의 장군을 거느리고 여기 합세하여 두릉윤성(豆陵尹城: 능릉을 또는 양良으로도 썼다)과 주류성(周留城) 등에 대한 공략에 나섰다. 이 공략에 무너진 부여풍은 달아나고, 왕자 충승(忠勝)과 충지(忠志) 등은 따르는 무리를 이끌고 항복해 왔다.

단지 지수신(遲受信)만 임존성에 의지하여 계속 저항했다. 10월 21일부터 임존성을 공략하였지만, 함락하지 못하고, 11월 4일에 군대를 돌렸다. 설리정(舌利停: 설돔을 또는 후后로도 썼다)에 이르러 차등을 두어 상도 주고 사면도 해주었다. 그리고 의복을 만들어 백제 땅에 남아서 지키는 당나라 군사들에게 나눠주었다.

664년(문무왕 4) 정월, 김유신이 나이가 많다는 이유로 벼슬에서 물러날 것을 청해 왔다. 그러나 문무왕은 허락하지 않고, 안석(案席: 앉을 때에 벽에 세우고 몸을 뒤쪽으로 기대는 방석)과 지팡이[궤장几杖]를 내려주었다. 그리고 아찬 군관(軍官)을 한산주 도독으로 삼았다.

이와 함께 부인들도 중국식 의복을 입도록 하라는 교서를 내렸다. 2월에는 해당 관청에 역대 왕의 능원(陵園)을 관리하기 위해 백성 20호씩을 이주시키라는 명을 내렸다. 각간 김인문, 이찬 천존이 당나라 칙사 유인원, 백제 부여융(扶餘隆)과 웅진에서 맹약을 맺었다. 3월, 백제의 잔여 세력이 사비산성(泗沘山城)을 의지하여 저항하자, 웅진도독이 소탕했다. 이럴 때 지진이 일어났지만, 성천(星川)과 구일(丘日) 등 28명을 웅진부성(熊津府城)에 보내 당나라 음악을 배우게 했다.

7월, 문무왕은 장군 인문, 품일, 군관, 문영 등에게 일선주(一善州)와 한산주(漢山州) 2개 주의 부대를 웅진성의 당나라 군대와 합류하라는 명을 내렸다. 고구려 돌사성(突沙城)을 공략할 목적이었고, 결국 이 작전은 성공했다. 그런데 8월 14일, 또 지진이 일어났다. 백성들의 집이 무너지는 정도였는데, 남쪽 지방의 피해가 더욱 심했다. 이런 피해를 입고 나서 사람들이 마음대로 재산과 토지를 절에 시주하는 것을 금지했다.

665년(문무왕 5) 2월, 중시 문훈(文訓)이 나이가 많아 관직에서 물러나자, 이찬 진복(眞福)을 중시로 임명했다. 이찬 문왕(文王)이 죽자, 왕자의 예(禮)로 장사 지냈다. 당나라에서도 황제가 사신을 파견하여 조문해 왔다. 이때 자줏빛 옷 한 벌과 허리띠 하나, 채색비단 100필, 생초(生綃) 200필을 보내왔다. 문무왕은 그 보답으로 당나라 사신에게 금과 비단을 평소보다 후하게 주었다.

8월 문무왕은 칙사 유인원, 웅진도독 부여융과 함께 웅진 취리산(就利山)에서 맹약을 맺었다. 당 고종이 부여융에게, 귀국하여 남은 무리를 무마하고 신라와 화친하라고 한 것이다. 이 때문에 당의 요인과 부여융, 문무왕이 함께 모여 맹약을 하게 되었다. 흰 말을 잡은 맹세 의식은, 말의 피를 마신 다음 희생과 예물을 제단의 북쪽 땅에 묻고 그 글을 신라 종묘에 보관하는 것으로 마무리 되었다. 그러고 나서 유인궤는 신라와 백제, 탐라, 왜 네 나라의 사신과 함께 당으로 돌아가 태산(泰山)의 제사에 참석했다. 이때 신라 사신으로는 김인문이 파견되었다.

이후 문무왕은 왕자 정명(政明)을 태자로 삼고 대규모 사면령을 내렸다. 그리고 이해 겨울, 일선주(一善州)와 거열주(居列州) 두 주의 백성들로 하여금 군대가 쓸 물건을 하서주(河西州)로 운반하게 했다. 이때 비단의 단위를 바꿨다. 종래 10심(尋)을 1필로 쳤던 비단의 단위를 길이 7보 너비 2자를 1필로 바꾼 것이다.

666년(문무왕 6) 2월, 수도에 지진이 일어났다. 4월에는 영묘사에 불이 났다. 이렇게 재해가 잇따르자 또 대규모 사면령을 내렸다. 이때 나마(奈麻) 지위에 있던 천존의 아들 한림(漢

林)과 유신의 아들 삼광(三光)을 당나라에 보내 숙위하도록
했다.

이와 함께 문무왕은 고구려 정벌에 나설 군대를 요청하는
당의 요구를 받아들였다. 그러자 당은 12월에 이적(李勣)을
요동도행군대총관(遼東道行軍大摠管)으로, 사열소상백(司列少
常伯) 안륙현(安陸縣) 사람 학처준(郝處俊)을 부장(副將)으로
삼아 고구려 정벌에 나섰다. 이런 상황에서 고구려의 연정토
(淵淨土)가 12성 763호 3,543명을 이끌고 신라에 항복해 왔
다. 신라 측에서는 연정토와 그의 부하 24명에게 의복과 식
량, 집을 주어 수도 및 주·부(州府)에 살게 했다. 그리고 연정
토가 관리하던 8성에 군대를 보내 지키게 했다. 이해 김인문
은 당 황제를 따라 태산(泰山)에 올라가 봉선(封禪: 천자가 산천
에 지내는 제사) 의식에 참여한 다음, 우효위(右驍衛) 대장군으
로 승격 임명되면서 식읍 400여 호를 받았다.

고구려를 멸망시키다

667년(문무왕 7) 2월, 『일본서기』에는 왜의 황녀(皇女)가 죽
자 고구려·백제·신라 사람들이 큰길에서 통곡을 했다고 되
어 있다. 이는 『일본서기』 기록일 뿐이고, 문무왕은 7월에 큰

잔치를 3일 동안 베풀고 술과 음식을 내려주었다. 당나라 황제가 지경(智鏡)과 개원(愷元)을 장군으로 임명하고, 당의 고구려 정벌에 참전시켰다. 문무왕도 지경에게 파진찬, 개원에게 대아찬 지위를 내려주었다. 당에서는 대아찬 일원(日原)에게도 운휘장군(雲麾將軍) 벼슬을 내렸다. 문무왕은 일원에게 그 내용을 담은 당 황제의 칙명을 왕궁의 뜰에서 받도록 했다. 그리고 대나마 즙항세(汁恒世)를 당에 조공 사절로 보냈다. 이렇게 고구려 정벌군에 대한 편성을 정비한 뒤, 당 고종은 유인원과 김인태(金仁泰)에게 비열도(卑列道)를 따라 가게 하고, 신라군은 다곡(多谷)과 해곡(海谷) 두 길을 따라 진격하여 평양에서 합류하도록 했다.

8월, 문무왕은 대각간 김유신 등 30명의 장군과 함께 수도를 출발했다. 9월에 한성정(漢城停)에 도착하여 영공(英公: 이적을 의미한다)을 기다렸다. 10월 2일, 영공이 평양성 북쪽 200리 지점에 도착하여, 이동혜(尒同兮) 촌주 대나마 강심(江深)을 통해 소식을 전해 왔다. 그는 거란 기병 80여 명을 이끌고 아진함성(阿珍含城)을 거쳐 한성에 도착하여 이적의 서신을 전했다.

신라군의 동원을 재촉하는 내용이었다. 「신라본기」에는 문무왕이 "그에 따랐다"고 되어 있지만, 11월 11일에 장새(獐塞)에 도착한 뒤 이적이 돌아갔다는 말을 듣고 신라군을 돌려버렸다. 이후 강심에게 급찬의 관등과 함께 벼 500섬을 내려주었다. 12월에 중시 문훈이 죽었다. 이런 와중에 당의 장군(將軍) 유인원은 고구려 정벌을 도우라는 당 황제의 요청을 전달하고, 문무왕에게 대장군의 정절(旌節)을 전달했다.

668년(문무왕 8) 봄, 아마(阿麻: 여수 남쪽의 섬으로 추정)가 항복해 왔다. 이때 신라에서는 원기(元器)와 연정토(淵淨土)를 당에 보냈다. 그런데 연정토(淵淨土)는 당에서 돌아오지 않고 원기만 돌아왔다.

이때 즈음 이후로는 여인 바치는 것을 금지하는 칙명을 내렸다. 파진찬 지경을 중시로 삼고, 새로 설치한 비열홀주(比列忽州)에 파진찬 용문(龍文)을 총관으로 삼았다. 4월에는 살별이 천선(天船)에 나타나는 현상이 관찰되었다.

6월 12일에 요동도안무부대사(遼東道安撫副大使) 요동행군부대총관(遼東行軍副大摠管) 겸 웅진도안무대사(熊津道安撫大使) 행군총관(行軍摠管) 우상(右相), 검교태자좌중호(檢校太子左中護) 상주국(上柱國) 낙성현개국남(樂城縣開國男) 지위를 받은 유인궤가 당 황제의 칙명을 가지고 숙위 사찬 김삼광과 함께 당항진(党項津)에 도착했다. 왕이 각간 김인문을 영접 책임자로 하여 성대한 예식(禮式)으로 맞았다. 우상(右相)도 당과 약속한 군사 동원 임무를 마치고 천강(泉岡)으로 향했다.

21일에는 장수들의 보직을 조정했다. 대각간 김유신을 대당 대총관으로, 각간 김인문·흠순·천존·문충, 잡찬 진복, 파진찬 지경, 대아찬 양도·개원·흠돌을 대당 총관으로, 이찬 진순(陳純: 純은 또는 춘春으로도 썼다)과 죽지를 경정(京停) 총관으로, 이찬 품일, 잡찬 문훈, 대아찬 천품을 귀당 총관으로, 이찬 인태(仁泰)를 비열도 총관으로, 잡찬 군관, 대아찬 도유(都儒), 아찬 용장(龍長)을 한성주 행군총관으로, 잡찬 숭신(崇信), 대아찬 문영, 아찬 복세(福世)를 비열주 행군총관으로, 파진찬 선광(宣光), 아찬 장순(長順)·순장(純長)을 하서주 행군총관으로, 파진찬 의복(宜福)과 아찬 천광(天光)을 서당 총관으로, 아찬 일원과 흥원(興元)을 계금당 총관으로 삼은 것이다.

22일에는 웅진부성의 유인원이 귀간(貴干) 미힐(未肹)을 보내, 고구려의 대곡성(大谷城)과 한성(漢城) 등 2군 12성이 항복해 왔음을 알렸다. 문무왕은 일길찬(一吉湌) 진공(眞功)을 보내 축하했다. 이날 인문·천존·도유 등은 일선주를 비롯한 일곱 군 및 한성주의 병마를 이끌고 당나라 군대와 합류하러 갔고, 문무왕은 27일에 수도를 출발했다. 29일에 여러 도(道)의 총관들이 출발하였는데, 문무왕은 대당총관 김유신만은 풍질(風疾)을 앓고 있다며 수도에 남아 있게 해주었다. 김인문 등은 이적과 합류하여, 북쪽 20리 되는 곳에 있는 영류산(嬰留山)으로 진군했다.

7월 16일에 한성에 도착한 문무왕은, 여러 총관들에게 당나라 군대와 합류하여 이후의 작전에 참여하라는 명을 내렸다. 이후 김문영 등은 사천(蛇川) 벌판에서 고구려 군사를 크게 격파했고, 9월 21일에는 당나라 군대와 합류하여 평양을 에워쌌다. 고구려 왕은 먼저 연남산(淵男産) 등을 보내 이적에게 항복을 청했다. 항복을 받은 이적은 보장왕(寶臧王)과 왕자 복남(福男)·덕남(德男) 그리고 대신 등 20여만 명을 이끌고 당나라로 돌아갔다. 이때 각간 김인문과 대아찬 조주(助州)가 영공을 따라 당으로 가며, 인태·의복·수세·천광·흥원 등도 이들을 수행했다. 한성을 출발하여 평양으로 향하다가 힐차양(肹次壤)에 이르러 고구려의 항복 소식을 듣게 된 문무왕은, 당나라 장수들이 이미 돌아갔다는 보고를 듣고 한성으로 되돌아왔다.

이러한 상황이었음에도, 『일본서기』에는 9월 12일에 신라가 사탁(沙喙) 급찬(級湌) 김동엄(金東嚴) 등을 보내 조(調)를 바쳤다고 기록해놓았다.

10월 22일, 문무왕은 고구려 정벌을 성공시킨 데에 대한 논공행상을 실시했다. 우선 김유신에게 태대각간을, 김인문에게 대각간의 관등을 내려주었다. 그 이외 이찬과 장군들에게는 각간 관등을 내려주고, 소판 이하에게는 모두 한 등급씩 올려주었다. 김인문은 당에서도 포상을 받았다.

대당 소감(大幢小監) 본득(本得)은 사천 싸움에서의 공을, 한산주 소감 박경한(朴京漢)은 평양성 안에서 군주(軍主) 술탈(述脫)을 죽인 공을, 흑악령(黑嶽令) 선극(宣極)은 평양성 대문에서의 싸움에서의 공을 감안하여 모두 일길찬 관등을 주고 조(租) 1,000섬을 주었다.

서당 당주(誓幢幢主) 김둔산(金遁山)은 평양 군영 싸움에서 공을 감안하여 사찬의 관등과 조 700섬을, 군사(軍師) 남한산(南漢山)의 북거(北渠)는 평양성 북문 싸움에서 공을 감안하여 술간(述干)의 관등과 벼 1,000섬을, 군사 부양(斧壤)의 구기(仇杞)는 평양 남교(南橋) 싸움에서 공을 감안하여 술간의 관등과 벼 700섬을 내려주었다. 가군사(假軍師) 비열홀의 세활(世活)은 평양소성(平壤小城) 싸움에서 공을 감안하여 고간(高干)의 관등과 벼 500섬을, 사천 싸움에서 전사한 한산주 소감 김상경(金相京)에게도 일길찬의 관등을 더해주고 조(租) 1,000섬을 내려주었다.

그런데 아술(牙述)의 사찬 구율(求律)은 사천 싸움에서 다리 아래로 물을 건너 진격하여 적을 대파한 공을 세우고도 포상을 받지 못했다. 군령(軍令)을 받지 않고 위험한 곳으로 들어갔다는 이유였다. 구율은 분한 마음에 목매어 죽으려 하였으나, 주위 사람들이 구해냈다고 한다.

이달 25일 문무왕이 돌아오는 길에 욕돌역(褥突驛)에 이르렀다. 이때 국원 사신(國原仕臣) 대아찬 용장(龍長)이 잔치를 베풀어 왕과 수행원들을 대접했다. 잔치 중 음악에 맞추어 15살인 나마 긴주(緊周)의 아들 능안(能晏)이 가야의 춤을 추어 보였다. 문무왕은 그 단정한 용모를 보고, 등을 어루만지며 금 술잔에 술을 권하고 폐백(幣帛)을 매우 후하게 주었다.

『일본서기』에는 11월 1일, 사신으로 온 김동엄(金東嚴)에게 비단 50필, 솜 500근, 무두질한 가죽 100매를 주어 신라왕에게 보냈다 한다. 그러면서 김동엄 일행에게도 차등을 두어 물건을 주었다. 5일에는 돌아가는 김동엄 일행에 딸려 지모리노오미마로[도수신마려道守臣麻呂]를 비롯한 사신을 신라에 보냈다. 그런데 이런 와중에 사문(沙門) 도교[도행道行]가 구사나기노쓰루기[초치검草薙劍]를 훔쳐 신라로 도망하려다가 중도에 폭풍우를 만나 길을 잃고 돌아오는 일도 있었다고 기록해놓았다.

『삼국사기』에는 11월 5일, 문무왕이 포로로 잡은 고구려인 7,000명을 이끌고 수도에 돌아왔다. 다음날, 문무왕이 관료를 이끌고 선조의 사당[선조묘先祖廟]에 배알하며, "당나라와 함께 의로운 군사를 일으켜 백제와 고구려에게 죄를 묻고 원흉들을 처단하여 세상이 태평해졌다"고 아뢰었다. 18일에는 전사자에게 물건을 내려주었다. 소감(少監) 이상에게는 10△△필, 종자(從者)에게는 20필을 원칙으로 했다. 이렇게 전후처리를 하는 과정인 12월, 영묘사에 불이 났다.

심해진 신라와 당의 갈등

669년(문무왕 9) 정월, 신혜법사(信惠法師)를 정관대서성(政官大書省)으로 삼았다. 이때 당나라 승려 법안(法安)이 와서 자석(磁石)을 구해오라는 천자의 요구를 전해왔다. 2월 21일, 문무왕은 신하들을 모아놓고 교서를 내렸다. "두 나라 사이에 끼어 고생하던 신라를 위해 선왕(김춘추)께서는 바다를 건너 중국에 군사를 청하셨다. 백제는 평정하였으나 고구려는 멸망시키지 못하고 돌아가신 선왕의 유업(遺業)을 과인이 이루게 되었다. 그래서 세상이 편안해졌다. 전쟁터에 나아가 공을 세운 사람들에게는 상을 주었고, 싸우다 죽은 혼령들에게는 명복 빌 재물을 주었지만, 옥에 갇혀있는 죄인은 불쌍히 여겨 울어주던 은혜[읍고泣辜]를 받지 못한 고로 사면령을 내린다. 총장(總章) 2년, 669년 2월 21일 새벽 이전에 5역(五逆)의 죄를 범하여 사형을 받은 죄목 이외에는 모두 석방하라"는 내용을 담고 있었다.

승전을 거두었지만, 이것으로 백성의 굶주림까지 구할 수는 없었다. 5월에 천정군(泉井郡), 비열홀군(比列忽郡), 각련군(各連郡) 세 군의 백성이 굶주렸던 것이다. 문무왕은 창고를 열어 진휼하도록 했다. 그리고 급찬 기진산(祗珍山) 등을 당나라에 보내 자석 두 상자를 바쳤다.

그런데 이후부터 신라와 당의 관계에 이상 기류가 보이기 시작한다. 이때 즈음 신라 측에서 각간 흠순과 파진찬 양도를 당나라에 보내 사죄했다. 그 이유는 백제 지역을 신라가 통제하는 데 대해, 당에서 문제 삼았기 때문이다. 일단 사죄 형식으로 해명하며 넘어가기는 했지만, 이후 신라와 당이 서로 믿지 못하며 여러 가지 해프닝이 일어났다.

이해 겨울, 당에서 파견한 사신이 자기네 황제의 조서를 전한 다음 신라의 쇠뇌 기술자 사찬 구진천(仇珍川)을 데리고 당으로 돌아갔다. 당에서 성능이 우수한 신라 쇠뇌를 보유하려 했기 때문이다. 그래서 구진천에게 나무 쇠뇌를 만들게 했다. 하지만 구진천이 당에서 만든 쇠뇌는 시험발사에서 30보밖에 나가지 않았다. 당 황제가 그에게 물었다. "너희 나라 쇠뇌는 1,000보가 나간다고 들었는데, 이게 어찌된 일이냐"고 따진 것이다.

구진천은 "재목이 좋지 못해서 그러니 신라에서 나무를 가져온다면 만들 수 있을 것"이라 대답했다. 그래서 당에서는 재목을 구하고자 사신을 보내왔고, 신라에서는 대나마 복한(福漢)을 통해 나무를 보냈다. 그러나 신라 목재로 다시 만든 쇠뇌도 60보밖에 를 나가지 않았다. 다시 그 원인을 묻자, 구진천은 "그 까닭을 모르겠다. 아마 바다를 건너는 동안 나무에 습기가 스며들었기 때문이 아닌가 한다"고 대답했다.

일부러 제대로 만들지 않았다고 생각한 당 황제는 혹독한 벌을 주겠다고 위협하였으나, 구진천은 끝내 당에서 원하는 성능의 쇠뇌를 만들어주지 않았다. 그만큼 신라에서 당을 경계하기 시작했음을 시사하고 있다.

이후 문무왕은 말 기르는 목장 174곳을 두루두루 나눠주었다. 소내(所內: 왕실로 추정)에 22곳, 관청에 10곳을 속하게 하고 태대각간 유신에게 6곳, 대각간 인문에게 5곳, 각간 일곱 명에게 각각 3곳, 이찬 다섯 명에게 각각 2곳, 소판 네 명에게 각각 2곳, 파진찬 여섯 명과 대아찬 열두 명에게 각각 1곳씩 주었다는 것이다. 나머지 74곳에 대해서는 "적절하게 나누어 주었다"고만 되어 있다. 『일본서기』에는 이해 9월 11일, 신라가 사찬(沙湌) 독유(督儒) 등을 보내 조(調)를 바쳤다고 적어놓았다.

670년(문무왕 10) 정월, 신라와 당의 갈등이 표면으로 드러나기 시작했다. 당 고종이 앞서 파견되었던 신라 사신 중, 흠순만 귀국을 허락하고 양도(良圖)는 억류하여 감옥에 가두었던 것이다. 양도는 결국 감옥에서 죽었다. 신라가 백제의 자산을 실질적으로 소유하게 된 데 대한 조치였다.

이는 곧바로 무력 충돌로 연결되었다. 3월에 사찬 설오유(薛烏儒)가 고구려 태대형 고연무(高延武)와 각기 정예 군사 1만 명을 거느리고 압록강을 건너 옥골(屋骨)△△△까지 진출한 것이다. 말갈 병사들도 먼저 개돈양(皆敦壤)에 도착해서 기다리고 있었다. 4월 4일, 당군과 충돌이 벌어져 일단은 신라 측이 크게 이겨 당 측이 많은 전사자를 냈다. 그렇지만 당의 증원군이 계속 도착하면서, 신라군은 백성(白城)으로 물러났다.

신라가 당에 선제 공격을 가한 배경 중 하나는, 663년(문무왕 3)에 지금의 티벳 지역을 중심으로 세력을 떨치던 토번(吐蕃)이, 당나라가 백제 원정에 나선 틈을 타서 당 제국 서쪽에 자리 잡고 있던 토욕혼(吐谷渾)을 정복해버린 것이다. 이 때문에 당은 토번의 세력 확장을 저지하기 위해 계속 전쟁에 돌입할 수밖에 없었다. 당의 병력 상당수가 토번과의 전쟁에 투입되는 바람에 신라에 대한 당의 군세가 점점 약해졌다. 그 틈을 타 신라가 공세에 나설 수 있었던 것이다. 나·당의 갈등이 깊어지는 상황에서 토번의 토욕혼 정복으로 인한 당과 토번의 지속된 전쟁은 신라에 유리한 변수로 작용한 셈이다.

6월에는 고구려 수림성(水臨城) 사람인 대형(大兄) 모잠(牟

쏙)이 유민들을 모아 신라로 들어오는 사건이 있었다. 그는 이 과정에서 궁모성(窮牟城)으로부터 패강(浿江) 남쪽에 있던 당나라 관리와 승려 법안(法安) 등을 죽였다. 그는 서해 사야도(史冶島)에 이르러, 이전에 신라로 망명했던 연정토의 아들 안승(安勝)을 만났다. 모잠은 안승을 한성 안으로 맞아들여 임금으로 삼고, 소형(小兄) 다식(多式) 등을 신라에 보내 도움을 요청했다. "우리나라 왕이 도를 잃어 멸망당하였으나, 지금 본국의 귀족 안승을 맞아 임금으로 삼았다. 망한 나라를 일으키고 끊어진 세대를 잇게 해주는 것이 도리이니, 그리 해주면 대국(신라)을 지키는 울타리가 되어 충성을 다하겠다"고 했다는 것이다. 문무왕은 이들을 나라 서쪽 금마저(金馬渚)에 자리잡게 해주었다.

이런 정세 속에서도 문무왕은 한기부(漢祗部) 여자가 한꺼번에 아들 셋과 딸 하나를 낳는 사건에 신경을 썼다. 그녀에게 벼 200섬을 주었던 것이다. 『일본서기』에는 이달 신라가 사신을 보내 조를 올리면서, 따로 물소(水牛) 1두(頭), 산닭[산계山鷄] 1마리를 바쳤다고 했다. .

7월, 문무왕은 백제 잔여 세력의 움직임에 의심을 품었다 한다. 그래서 대아찬 유돈을 웅진도독부에 보냈다. 그러자 웅진도독부 측에서는 사마(司馬) 예군(禰軍)을 신라로 보냈다. 이 장면에서 신라 측은 자신들을 정탐할 목적이라 간

주했다. 그래서 예군을 억류하고 백제 지역에 군대를 보냈다. 품일, 문충, 중신, 의관(義官), 천관(天官) 등을 지휘관으로 하는 신라군은 성 63곳을 점령하고, 그 지역에 살던 사람들을 신라 깊숙이 옮겼다. 천존과 죽지 등은 7성을 점령하며 2,000명을 죽였고, 군관과 문영 등은 12성을 점령하며 7,000명을 죽여 많은 말과 병기들을 노획했다 한다.

성공적인 작전이었음에도 불구하고 「신라본기」에는 고위 지휘관에 상을 준 내용보다 신라군 지휘관에 대한 처벌 기록이 더 강조되어 있다. 중신, 의관, 달관, 흥원 등이 △△△사(寺) 군영에서 퇴각했기 때문에, 마땅히 죽어야 할 죄를 지었지만, 관직에서 물러나게 하는 정도로 마무리 지었다는 것이다. 오히려 하급 지위관에 대해 상을 준 내용이 나온다. 창길우(倉吉于) △△△△일(一)에게 각각 급찬의 관등과 조(租)를 차등을 두어 내려주었다는 것이다.

이후 사찬 수미산(須彌山)을 보내 안승을 고구려 왕으로 책봉했다. 문무왕은 "유서 깊은 나라가 남건(男建)과 남산(男産) 형제 때문에 멸망하여, 백성들이 마음 의탁할 곳이 없어졌다. 이 괴로움을 달래줄 임금이 있어야 하는데, 공이 아니면 누가 하겠는가? 삼가 사신 일길찬 김수미산(金須彌山) 등을 보내 책명(冊命)으로써 공을 고구려 왕으로 삼으니, 유민들을 어루만져 모으고 영원히 이웃 나라로서 형제처럼 친하게 지내야 할 것"이라는 책문(冊文)을 전하고 많은 물자도 아울러 보내주었다.

『일본서기』에는 10월 7일에도 신라가 사찬 김만물(金萬物)을 보내 조를 바쳤다고 했다. 그리고 그 답례인지 신라 왕에게 "비단 50필, 굵은 비단 50필, 명주솜 1,000근, 무두질한 가죽 100매를 주었다"고 적어놓았다. 그리고 12월 7일에 조(調)를 바치러 왔던 사신 신라의 사찬 김만물(金萬物) 등이 일을 마치고 돌아갔다고 한다.

12월, 토성(土星)이 달에 들어가며, 수도에 지진이 일어났다. 이런 와중에 중시 지경(智鏡)이 물러났다. 이때 즈음 왜국(倭國)이 일본(日本)이라 이름을 고쳤다고 알려 왔다. "해 뜨는 곳에 가깝기 때문에 이렇게 이름 붙였다"는 설명이 붙어 있다. 이때 즈음 한성주 총관 수세(藪世)가 백제의 △△△△ △△를 기반으로 배신하려던 일이 발각되어, 대아찬 진주(眞珠)를 보내 제거하는 사건이 있었다. 여기에 주석(注釋)을 붙여놓았지만, 「신라본기」이 부분에는 유독 훼손된 글자가 많아 해석이 불가능하다.(十二△△△貢書所六△△僅事同異可攷)

671년(문무왕 11) 정월, 이찬 예원(禮元)을 중시로 삼았다. 그리고 백제 지역에 대한 소탕에 나섰다. 그러나 상황은 녹록치 않게 전개되었다. 먼저 웅진 남쪽에서 벌어진 전투에서 당주(幢主) 부과(夫果)가 죽었다. 이때 말갈 부대가 신라를 침공해 와, 설구성(舌口城)을 포위했다. 신라 측에서는 이들이 별다른 전과를 거두지 못하고 물러갈 즈음 반격을 가해 300여 명을 목 베어 죽였다.

이렇게 신라가 백제 지역을 장악하기 위하여 애쓰는 시점에, 당에서 백제 잔여 세력을 지원하러 온다는 정보를 얻고, 대아찬 진공(眞功)·아찬 △△△△ 등에게 옹포(甕浦)를 지키게 하는 조치를 취했다. 이때 1치[촌寸]에 달하는 흰 물고기가 나타나는 사건이 있었는데, 「신라본기」의 이 부분에 훼손이 있어 자세한 내용을 알 수 없다. 이와 함께 4월에는 흥륜사 남문에 벼락이 치는 일도 있었다.

이변이 잇따르는 와중인 6월에도, 문무왕은 장군 죽지(竹旨) 등을 보내 백제 가림성(加林城)의 벼를 짓밟게 하며 백제 잔여 세력에 대한 압박을 늦추지 않았다. 그러면서 당나라와의 충돌도 본격적으로 벌어졌다. 석성(石城)에서 당군과 전투를 벌인 것이다. 이 전투에서 신라 측은 5,300명을 전사시키고, 백제 장군 두 명과 당나라 과의(果毅) 여섯 명을 포로로 잡았다.

수습을 위한 노력과 그 이면

이 충돌 이후인 7월 26일, 당나라 총관 설인귀(薛仁貴)가 임윤법사(琳潤法師)를 시켜 편지를 보내왔다. "자신은 황제의 명령을 받고 이 땅에 왔는데, 왕께서 마음을 바르게 갖지 않고 변경의 성들에 무력(武力)을 쓴다 하니, 한숨과 탄식만 나온다. 신라의 선왕(김춘추)이 우리 당에 사정하여 어려움을 무릅쓰고 군대를 보내주었다. 그렇게 신라를 괴롭히는 적들을 없애버렸으니, 왕께서는 백성을 편안하게 하는 데 마음을 써야 할 것이다. 그런데도 이웃 나라와의 우호 관계를 깨면서까지 위험을 자초하고 있는 듯하다. 일을 바로잡으려 하니, 그 자초지종을 분명하게 밝히라. 치열한 싸움 중에도 사신은 다니는 법이니, 왕의 신하 승려 임윤(琳潤)에게 서신을 가져가게 하여 생각을 전한다"는 내용이었다.

문무왕은 이에 대응하여 긴 답서를 보냈다. 그 내용은 이렇다.

당의 도움을 받아 백제를 정벌한 후, 백제 잔여 세력의 압박을 받는 당군을 신라가 먹여 살렸다. 선왕이 돌아가신 다음에는 상중임에도, 백제 방면은 물론이고 당의 고구려 정벌군에까지 군량을 대주었다. 그러느라 신라 백성이 굶주리게 되는 지경이었다.

백제를 도우러 온 왜(倭)의 지원군을 물리친 다음, 임존성(任存城)이 버티고 있음에도 당에서는 백제의 잔여 세력과 맹약을 맺으라고 강요했다. 배신당할 것이 뻔해 중지를 요청했지만, 맹약 체결을 강요받고 어쩔 수 없이 받아들였다. 그리고 온갖 어려움에도 당의 고구려 정벌을 도왔다. 그래서 결국 고구려까지 정복하고 난 후, 당에서는 '신라가 약속을 어기며 별 도움을 주지 않았다'고 몰아가고 있다. 심지어 원래 신라 소유였던 비열성(卑列城)까지 고구려 쪽으로 넘겨버렸는데도 말이다. 이렇게 박대를 받으면서도, 신라는 당나라를 배신하지 않았는데, '당나라가 신라를 치고자 한다'는 소문까지 돌아 신라 백성들이 그 말을 듣고 불안해한다. 이런 와중에 백제의 여자를 신라의 한성 도독(漢城都督) 박도유(朴都儒)에게 시집보내면서, 그와 모의하여 신라 땅을 습격하려다 발각되는 일도 있었다. 고구려 부흥세력이 중국 관리를 죽이며 일어섰을 때에 웅진도독부와 협력하려 했지만, 백제인들이 배신했다. 그런데도 당에서는 백제의 옛 땅을 이들에게 돌려주려 하니, 신라 백성은 희망을 잃었다.

지난해 억울한 사실을 모두 기록하여 사신을 보냈으나, 바다에 막혀 거듭 도달할 수 없었다. 그랬더니 백제가 '신라가 반역했다.'고 모략하고 있어 오해를 받고 있다. 이제야 임윤(琳潤)이

소식을 알려왔지만, 당나라는 어찌 잘 알아보지도 않고 수만의
병력을 보내 우리 신라를 공격해 오는가? 총관께서는 상황을
잘 살피어 황제께 아뢰어 달라

이때 문무왕은 소부리주(所夫里州)를 설치하고 아찬 진왕
(眞王)을 도독으로 삼았다. 9월에 당나라 장군 고간(高侃) 등
이 4만의 병력을 거느리고 평양에 도착했다. 이곳 도랑을 깊
이 파고 보루를 높이 쌓아 거점을 확보한 다음, 대방(帶方) 지
역으로 침입해 왔다. 신라 측에서는 10월 6일, 당나라 선박
70여 척을 공격하여 낭장(郞將) 겸이대후(鉗耳大侯)와 병사
100여 명을 사로잡았다. 이 과정에서 물에 빠져 죽은 사람이
많았다. 이런 전과를 올리는데 급찬 당천(當千)의 공이 으뜸
이었으므로 사찬의 관등을 주었다.

672년(문무왕 12) 정월, 문무왕은 장수를 보내 백제 고성성
(古省城)을 공략하여 승리를 거두었다. 그러나 2월에 감행한
백제 가림성(加林城) 공략에는 실패했다. 7월에는 당나라 장
수 고간이 군사 1만 명, 이근행이 3만 명의 병력을 이끌고 평
양까지 진출해 왔다. 여기서 8곳에 진영을 설치하고 주둔에
들어갔다. 당군은 이를 기반으로 8월에 공세를 개시하여 한
시성(韓始城)과 마읍성(馬邑城)을 공격하여 함락하고, 백수성
(白水城)으로부터 500보쯤 떨어진 곳까지 진출하여 군영을

설치했다. 이곳에서 신라군은 고구려 출신 부대와 함께 이들을 맞아 싸워 수천 명을 희생시켰다.

그러나 퇴각하는 고간 등의 부대를 석문(石門)까지 추격해 싸우다가 당군의 반격을 받아, 대아찬 효천(曉川), 사찬 의문(義文)·산세(山世), 아찬 능신(能申)·두선(豆善), 일길찬 안나함(安那含)·양신(良臣) 등이 전사하는 피해를 입었다. 이런 전투를 치른 후, 한산주에 둘레가 4,360보에 이르는 주장성(晝長城)을 쌓았다.

9월, 살별이 북방에 일곱 번 나타났다. 당과의 충돌을 염려한 문무왕은 당과 상의 없이 백제 지역에 군대를 파견한 일을 해명하려 했다. 그래서 급찬 원천(原川)과 나마 변산(邊山)을 보내, 붙잡아두었던 당의 병선 낭장(兵船郎將) 겸이대후(鉗耳大侯), 내주 사마(萊州司馬) 왕예(王藝), 본열주장사(本烈州長史) 왕익(王益), 웅주도독부 사마 예군(禰軍), 증산사마(曾山司馬) 법총(法聰)과 병사 170명을 돌려보내 주었다. 그러면서 "은혜를 입었음에도, 원한 깊은 백제가 황제의 군사를 끌어들여 우리나라 가까이까지 침입하는 바람에, 살길을 찾으려다가 억울하게도 흉악한 역적의 이름을 뒤집어썼다"며 사죄하는 글을 보냈다. 이와 아울러 은 3만 3,500푼, 구리 3만 3,000푼, 침 400개, 우황 120푼, 금 120푼, 40승포(升布) 6필, 30승포 60필에 달하는 물자도 바쳤다. 이렇게 당에 막대한 물자를 보냈던 이해에, 신라 사람들은 곡식이 귀하여 굶주렸다.

673년(문무왕 13) 정월, 커다란 별똥별이 황룡사와 재성(在城) 중간에 떨어졌다. 강수(强首)를 사찬으로 삼고, 해마다 200섬의 조[租]를 주었다. 2월에는 서형산성(西兄山城)을 증축했다. 6월, 호랑이가 대궁(大宮) 뜰에 들어왔다가 죽는 사건이 있은 다음달인 7월 1일에 김유신이 죽었다. 이 시기 아찬 대토(大吐)가 당에 가담하려 하는 사건도 있었다. 이 의도가 탄로나 대토는 목이 베이고, 그의 처와 자식들은 천인(賤人)이 되었다.

파란을 겪고 난 후인 8월, 파진찬 천광(天光)을 중시로 삼고, 사열산성(沙熱山城)을 증축했다. 9월에도 국원성(國原城: 옛날의 완장성薍長城), 북형산성(北兄山城), 소문성(召文城), 이산성(耳山城), 수약주(首若州)의 주양성(走壤城: 또는 질암성迭巖城), 달함군(達含郡)의 주잠성(主岑城), 거열주(居烈州)의 만흥사산성(萬興寺山城), 삽량주(歃良州)의 골쟁현성(骨爭峴城)을 쌓았다. 문무왕은 대아찬 철천(徹川) 등에게 전선(戰船) 100척을 주어 서해를 지키게 했다. 그러나 당은 말갈·거란 군사와 함께 북쪽 변경 쪽으로 침입해 왔다. 신라 측은 아홉 번의 전투를 벌여 적병 2,000여 명의 목을 베었다. 전투 중 많은 당의 군사가 호로(瓠瀘)와 왕봉(王逢) 두 강에 빠져 죽었다.

그래도 당군은 겨울 공세를 재개하여, 고구려의 우잠성(牛岑城)을 함락했다. 당군과 협력한 거란·말갈 군사는 대양성(大楊城)과 동자성(童子城)을 공략하여 점령했다. 이때 즈음 주(州)에 두 사람 군(郡)에 한 사람의 외사정(外司正)을 두었다. 그리고 태종무열왕 때 백제를 멸망시키고 없애버린 수자리 군사를 이때 다시 두었다.

갈등을 이용한 역사 만들기

『일본서기』에는 이런 상황인 11월 24일, 신라 사신 김압실(金押實) 등에게 쓰쿠시에서 향응을 베풀었다고 했다. 그날 각각 차등을 두어 녹을 주었으며, 12월 15일에는 인심 좋게 배 한 척을 신라 사신에게 주었다고 한다. 그랬더니 김압실 등은 26일에 일을 마치고 돌아갔다.

674년(문무왕 14) 정월, 당나라에 파견되어 숙위하던 대나마 덕복(德福)이 역술(曆術)을 배워서 돌아왔다. 신라에서는 그가 배운 새 역법을 도입했다. 당에서는 고구려의 잔여 세력과 손을 잡고, 백제의 옛 땅을 차지했다는 이유로 문무왕의 관작을 깎아버린다는 조서를 보냈다. 그리고 당의 수도에 있던 문무왕의 동생 우효위원외대장군(右驍衛員外大將軍) 임해군공(臨海郡公) 김인문을 신라 왕으로, 좌서자동중서문하삼품(左庶子同中書門下三品) 유인궤(劉仁軌)를 계림도대총관으로, 위위경(衛尉卿) 이필(李弼), 우령군대장군(右領軍大將軍) 이근행을 참모로 하여 신라를 침공했다.

『삼국유사』에는 이를 빌미로 사천왕사(四天王寺)를 세운 이야기가 나온다. 이즈음 당에 유학가 있던 의상법사(義相法師)가 김인문을 만났는데, 김인문은 당이 신라를 치려 한다는 정보를 흘렸다. 의상이 귀국하여 신라 조정에 이 사실을 알렸더니, 문무왕이 신하들과 대책을 의논했다. 그랬더니 각간 김천존(金天尊)이 "최근 명랑법사(明朗法師)가 용궁(龍宮)에 들어가서 비법을 배우고 돌아왔으니 그에게 물어보자"고 했단다. 정말 용궁이 있는지는 몰라도, 명랑법사의 비법이 바로 "사천왕사를 세우고 도를 닦으면 된다"는 것이었다. 당군이 몰려와 사태가 급박해지자, "채색비단으로 임시로 절을 지으라"해서 그렇게 했더니, 당군이 싸우기도 전에 바람과 물결이 거세게 일어나 당의 함대가 침몰해 전멸해버렸다 한다. 그래서 나중에 제대로 지은 절이 사천왕사라는 것이다.

당 고종도 자기네 함대가 제대로 싸워보지도 못하고 전멸한 이유를 찾으려, 김인문과 함께 갇혀 있던 한림랑(翰林郎) 박문준(朴文俊)에게 이유를 물었다. 그랬더니 박문준은 "신라를 떠난 지 10년이 넘어 잘 모르겠지만, 상국(上國)의 은혜를 입어 삼국을 통일한 덕을 갚고자, 사천왕사를 새로 지어 황제의 만세를 기원한다는 말을 들었다"고 대답했다. 당 고종은 속도 없이 좋아하며 예부시랑(禮部侍郎) 낙붕귀(樂鵬龜)를 신라에 파견해 확인시켰다.

사천왕사를 보여주어서는 안 된다고 생각한 신라 측에서는 새로 다른 절을 지어 낙붕귀를 인도했지만, 그가 눈치 채고 가려하지 않자 황금 1,000냥을 뇌물로 주어 신라 측이 원하는 대로 보고하게 만들었다. 그래서 당에서는 이 절을 망덕사(望德寺)라 불렀다 한다. 물론 이는 국가가 위기에 몰린 상황에서도 한가하게 승려들의 세력 기반이 될 절이나 짓고 있었던 사실을 미화하려는 의도가 깔린 설화라 해야 할 것이다.

이런 와중인 2월, 문무왕은 궁궐 안에 연못을 파고, 산을 만들어 화초를 심으며 진기한 새와 짐승을 길렀다. 이런 후인 7월에 큰 바람이 불어 황룡사 불전을 무너뜨렸다. 8월에는 서형산 아래에서 군대를 대규모로 사열했다.

『일본서기』에는 이해 윤 6월 15일, 신라가 한아찬(韓阿湌) 김승원(金承元), 아찬 김지산(金祇山), 대사(大舍) 상설(霜雪) 등을 보내 천황의 등극을 축하했다고 한다. 아울러 일길찬(一吉湌) 김살유(金薩儒), 한나말(韓奈末) 김지산(金池山) 등은 선황(先皇)의 죽음을 조문하는 사절로 파견했다고 한다. 그래 놓고 "일설에는 이들이 조공 사절[조사調使]이라고 한다"며 별로 큰 차이가 나지도 않는 이야기를 추가해놓았다.

이 뒤에도 약간의 이야기가 덧붙여져 있다. 신라 사신인 귀간(貴干) 보(寶), 진모(眞毛)가 김승원과 김살유를 쓰쿠시까지 보내왔고, 24일에 쓰쿠시에서 귀간 보 등에게 향응을 베풀었다. 이때 각각 차등을 두어 녹을 주었고, 신라 사신들은 쓰쿠시에서 돌아갔다.

8월에도 조금 이상한 상황이 나타난다. 이달 20일에 고구려가 상부(上部) 위두대형(位頭大兄) 감자(邯子)와 전부(前部) 대형(大兄) 석간(碩干) 등을 보내어 조공을 바쳤다고 한다. 그런데 신라가 자기 나라에 온 사신도 아닌데, 한나말(韓奈末) 김이익(金利益)을 보내어 미묘한 관계에 있던 고구려 사신을 쓰쿠시까지 보냈다는 것이다.

25일 기록에도 짜증날 내용이 보인다. 천황의 등극을 축하하는 사신[하등극사賀騰極使] 김승원 등 27명을 수도로 불러놓고 탐라 사신에게 "천하를 평정한 천황이 특별히 불러주었다"라는 식으로 근거 없는 생색을 낸 행각이 기록되어 있다. 그리고도 비슷한 이야기가 이어진다.

9월 28일에는 나니와[난파難波]에서 김승원 등에게 여러 가지 음악을 연주하며 향응을 베풀어주고 차등을 두어 물건을 내려주었더니 11월 1일에 돌아갔다. 21일에도 고구려의 감자와 신라의 김살유 등에게 쓰쿠시의 오코오리[대군大郡]에서 향응을 베풀고 역시 차등을 두어 물건을 내려주었다한다.

『삼국사기』에는 비슷한 시기인 9월 기록에 의안법사(義安法師)를 대서성(大書省)으로 삼고, 안승을 보덕왕(報德王)으로 봉해주었다는 이야기가 나온다. 이 부분에 대해 『삼국사기』에는 간단한 의문을 표시해놓았다. 문무왕 10년에 안승을 고구려 왕으로 봉해주고 다시 봉한 셈인데, "보덕(報德)이란 말이 귀순[귀명歸命]한다는 말과 같은 뜻인지 또는 땅 이름인지모르겠다"는 것이다. 이달에도 영묘사 앞 길에서 군대를 사열하고, 아찬 설수진(薛秀眞)의 육진병법(六陣兵法)을 관람했다. 한 달 사이에 군대 사열이 반복될 만큼 당과의 충돌은 심각한 국면이었다.

당과의 전쟁이 끝나다

675년(문무왕 15) 정월, 각 관청 및 주·군에 구리로 만든 인장(印章)을 나눠주었다. 그리고 다음 달인 2월에 유인궤가 칠중성을 공략하여 승리를 거두었다. 작전에 성공한 유인궤의 부대는 돌아가고, 당에서는 이근행을 안동진무대사(安東鎭撫大使)로 삼아 점령한 지역을 관리하게 했다.

이때 문무왕은 조공 사절을 보내 사죄의 뜻을 표시했다. 당에서도 문무왕의 사과를 받아들이고 관작을 회복시켜주었다. 당이 신라 왕으로 내세웠던 김인문도, 그 과정에서 당으로 되돌아갔으며, 임해군공으로 책봉되었다. 그렇지만 문무왕은 백제 땅을 신라 영역으로 편입시켜 나갔다. 그러면서 당의 재침공에 대비하여 9부대의 군사[구군九軍]를 편성하여 대비했다.

이 시기 백성군(白城郡) 사산(蛇山) 출신 소나(素那)라는 인물의 활약상에 대한 일화가 남아 있다. 그는 백제와의 전쟁에서 맹활약했던 심나(沈那: 또는 식천熄川)의 아들로 아버지 못지않게 용맹한 장수로 성장했다. 백제가 망한 후, 한주(漢州) 도독 도유(都儒)가 문무왕에게 소나를 아달성으로 배속시켜 달라는 요청을 했다. 그리고 이해 봄, 아달성(阿達城) 태수 급찬 한선(漢宣)이 백성에게 "모두 나가 삼을 심으라"는 명을 내렸는데, 이를 말갈 첩자가 알게 되어 그날 습격을 받았다. 이때 나서서 막던 소나가 수많은 화살을 맞고 죽었다.

소나의 아내는 가림군(加林郡) 출신이다. 그녀는 아달성이 적지에 가까워 위험하다는 점을 알고 있던 소나가 아내를 집에 남겨두고 홀로 가는 바람에 살아남았다. 그 지역 사람들이 소나의 죽음을 듣고 조문하니, 그 아내는 "남편이 항상 싸우다 죽어야 한다더니 그 뜻이 이루어졌다"며 통곡했다 한다. 문무왕도 그의 전사 소식을 듣고 눈물을 흘리면서 "아버지와 아들이 대대로 나라에 충성했다"며 소나 잡찬 지위를 추증했다.

9월에 설인귀가 숙위학생 풍훈(風訓)을 길잡이[향도鄕導]로 삼아 천성(泉城) 방면으로 침공해 왔다. 풍훈의 아버지 김진주(金眞珠)가 본국에서 처형당한 사건을 이용한 것이었다. 그러나 신라 측의 반격으로 곤욕을 치렀다. 신라 장군 문훈(文訓) 등의 반격에, 당군은 1,400명의 전사자를 내고 전선(戰船) 40척을 빼앗겼다. 또 설인귀가 포위를 풀고 도망가는 과정에서 전마(戰馬) 1,000필도 노획했다. 29일에는 군사 20만 명의 병력을 거느리고 매초성(買肖城)에 주둔하고 있던 이근행을 공략하여, 여기서도 말 3만 380필과 이에 필적하는 병기를 얻었다 한다. 이렇게 승리를 거두고도 신라 측에서는 당에 사신을 보내 토산물을 바쳤다. 그렇지만 당에 대한 경계도 늦추지 않았다. 안북하(安北河)를 따라 관(關)과 성(城)을 설치하며, 이 과정에서 철관성(鐵關城)을 쌓았다.

이후에도 당과 그 통제를 받는 세력의 신라 침공은 계속되었다. 말갈이 아달성(阿達城)에 침입하여 노략질하는 과정에서, 성주 소나(素那)가 이들을 맞아 싸우다 죽었다. 당의 군대는 거란·말갈 부대와 함께 칠중성(七重城)을 포위 공략했지만, 여기서는 전과를 거두지 못했다. 단지 소수(小守) 유동(儒冬)이 전사하였을 뿐이다. 하지만 말갈 부대가 적목성(赤木城)을 포위 공략하여 전멸시켰다. 이때 신라 측에서는 현령 탈기(脫起)가 백성을 모아 대항하다가 모두 죽었다. 당나라 군대는 석현성(石峴城)으로 부대를 돌려, 이곳을 포위 공략하여 함락했다. 여기서도 현령 선백(仙伯)과 실모(悉毛) 등이 저항하다 희생되었다. 그렇지만 신라 측은 이외의 크고 작은 전투에서 당군을 열여덟 번 격파하여 6,047명의 희생자를 내고 말 200필을 노획했다 한다.

676년(문무왕 16) 정월 초하루, 『일본서기』에는 신라의 사정(仕丁)이 백제 요인과 함께 왜에 약물과 진기한 물건을 바쳤다고 했다. 사실 이는 천자가 약을 먹으면서, 백관(百官)과 함께 장수를 기원하는 중국 의례를 흉내 낸 것이다. 물론 이런 기록을 남겨놓은 이유는 백제나 신라가 왜 천황을 천자처럼 떠받들었다는 이미지를 만들기 위한 것이다.

2월에도 신라에서 왕자 충원(忠元), 대감급찬(大監級飡) 김비소(金比蘇), 대감나말(大監奈末) 김천충(金天沖), 제감대마(第監大麻) 박무마(朴武麻), 제감대사(第監大舍) 김락수(金洛水) 등을 보내어 "조(調)를 바쳤다"고 했다. 이 과정에서 신라사신인 나말 김풍나(金風那), 나말 김효복(金孝福)이 왕자 충원을 쓰쿠시까지 호송했다 한다.

『삼국사기』에는 같은 달, "승려 의상(義相)에게 명을 내려 부석사(浮石寺)를 창건했다"는 내용이 기록되어 있다. 7월에는 길이가 6~7보쯤으로 보이는 살별이, 북하(北河)와 적수(積水) 두 별 사이에 나타났다. 당나라 군사가 도림성(道臨城)을 공격해 와 함락했고, 이 과정에서 현령 거시지(居尸知)가 전사했다. 이런 와중에도 문무왕은 새로운 궁인 양궁(壤宮)을 지었다.

『일본서기』에는 3월 14일, 지난달에 왜로 왔던 "김풍나(金風那) 등에게 쓰쿠시에서 향응을 베풀어주었고, 신라 사신들은 여기서 돌아갔다"고 적고 있다. 방금 온 사신이 돌아갔는데도 신라는 또 급찬 박근수(朴勤修)와 대나말 김미하(金美賀)를 보내 조(調)를 바쳤단다. 그리고 다음 달, 호송해주었던 사신들은 돌아갔는데도 왕자 충원은 나니와에 도착했다고 적고 있다.

7월 7일에는 왜에서 오토모노무라지쿠니마로[대반련국마려大伴連國麻呂]를 대사로, 미야케노키시이리시[삼택길사입석三宅吉士入石]을 부사로 하는 사신을 신라에 파견했다 한다. 그리고 다음 달 25일 신라 왕자 충원은 나니와를 통해 돌아갔다. 그런데 3일 뒤인 28일, 왕자가 돌아갔음에도 왜에서는 쓰쿠시에서 조공을 바치러 온 신라사신에게 고구려 사신과 함께 잔치를 베풀고 녹(祿)을 주었다고 한다.

11월에는 사찬 시득(施得)이 수군을 거느리고, 설인귀와 소부리주 기벌포(伎伐浦)에서 전투를 벌여 크게 패했다. 그러나 이후의 크고 작은 22회의 싸움에서 승리하여, 당군에 4,000여 명의 전사자를 내게 했다. 이런 피해를 입으면서 당은 안동도호부를 요동으로, 웅진도독부는 건안성으로 옮겼다. 이리하여 나당전쟁은 대충 마무리가 되었다.

이렇게 신라와 당의 충돌이 마무리된 데에도 토번이 변수로 작용했다. 이 시기 즈음 토번 내부에 분열이 생기자, 그 틈을 이용하고자 당이 대규모 토번 정벌에 나섰다. 이 때문에 반대쪽에 있는 신라와의 전쟁에 신경을 쓸 수 없었다. 이 시기 신라는 적극적으로 당에 타격을 주었다. 양쪽에서 대규모 정복 전쟁을 벌일 여유가 없던 당은, 더 이상 신라 방면에서 대규모 공세에 나서지 않았다. 이렇게 당의 공세가 흐지부지되면서 신라와 당의 충돌 국면이 정리되었다는 것이다.

문무왕 말년의 이야기들

이때 즈음 재상 진순(陳純)이 벼슬에서 물러나기를 요청해 왔다. 문무왕은 이를 허락하지 않고 안석과 지팡이를 주었다.

677년(문무왕 17) 『일본서기』에는 이해 2월, 지난해에 신라에 사신으로 갔던 오토모노무라지쿠니마로가 돌아왔음을 기록해놓고 있다.

『삼국사기』 기록은 3월, 강무전(講武殿) 남문(南門)에서 활쏘기를 관람했던 일로 시작된다. 그리고 좌사록관(左司祿館: 관리의 녹봉과 녹읍을 관리하던 부서)을 신설했다. 이 무렵 소부리주에서 흰 매를 바쳤다.

그리고 『일본서기』에는 10월 10일에 또 모노노베노무라지마로[물부련마려物部連麻呂]를 대사로, 야마시로노아타히모모타리[산배직백족山背直百足]를 소사로 하는 사신단을 신라에 파견했다고 되어 있다. 그랬더니 신라에서는 11월 3일에 사찬 김청평(金淸平)을 보내어 국내정세에 대해 보고하고, 급찬 김호유(金好儒)와 제감대사(弟監大舍) 김흠길(金欽吉) 등을 보내어 조(調)를 바쳤다고 한다. 그리고 송사(送使)인 나말 피진나(被珍那)와 부사 나말 호복(好福)이 김청평 등을 쓰쿠시까지 호위해 왔다고 되어 있다. 여기에 신라가 대나말 김양원(金楊原)을 파견해 고구려의 사신을 쓰쿠시까지 호위해 왔다는 말이 또 나온다.

678년(문무왕 18) 정월에 선부령(船府令) 1인을 두어, 선박에 관한 일을 맡기고, 좌·우리방부(左右理方府)에 경(卿)을 각 1인씩을 더 두었다. 그리고 북원소경(北原小京)을 설치한 다

음, 대아찬 오기(吳起)를 책임자로 임명했다.『일본서기』에는
2월 지난해에 신라에 파견되었던 모노노베무라지마로가 돌
아왔다고 했다. 그리고 3월에는 신라 사신 김청평 일행을 수
도로 불렀다 한다.

이달『삼국사기』에는 대아찬 춘장(春長)을 중시로 임명했
다는 기록만 보인다. 4월에 아찬 천훈(天訓)을 무진주(武珍州)
도독으로 삼았다.『일본서기』에는 이달에 신라 사신 피진나
등에게 잔치를 베풀어주었더니, 여기서 돌아갔다고 기록되
어 있다.

5월에 북원(北原)에서 깃에 무늬가 있고 다리에 털이 나
있는 이상한 새를 바쳤다.『일본서기』에는 이달 7일에 신라
아찬 박자파(朴刺破)와 종자 3인, 승려 3인이 지카노시마[혈
녹도血鹿嶋]에 표류해왔다는 기록이 보인다. 그래서 8월 김청
평이 귀국하는 길에 표류해온 신라인들도 딸려 보냈다는 것
이다.

679년(문무왕 19) 정월, 중시 춘장이 병으로 관직을 그만두
어, 서불한 천존(天存)으로 교체했다. 2월에는 사신을 보내
탐라국을 관리하고, 궁궐을 매우 웅장하고 화려하게 다시 수
리했다. 4월, 형혹(熒惑)이 우림(羽林)을 지켰고 6월에는 태백
성이 달의 자리에 들어가며, 유성이 삼대(參大)를 침범하였
으며, 8월에는 금성[太白]이 달에 들어가는 현상이 관측되었

다. 이즈음 각간 천존이 죽었다. 그럼에도 동궁(東宮)을 짓고, 궁궐 안팎 여러 문의 이름을 짓기 시작했다. 또 사천왕사(四天王寺)를 완성하고, 남산성도 증축했다.

이해 『일본서기』 기록에는 정확한 시기도 표시하지 않고, 신라 사신 나말(奈末) 가량정산(加良井山)과 나말 김홍세(金紅世)가 쓰쿠시에 도착해서 한 이야기만 나와 있다. "신라 왕이 급찬 김소물(金消勿)과 대나말 김세세(金世世) 등에게 금년치 조(調)를 바치라고 왜로 보냈는데, 바다에서 폭풍을 만나는 바람에 김소물 일행이 간 곳도 모른 채 우리만 겨우 해안에 닿을 수 있었다"고 했다는 것이다. 그리고 김소물 등은 결국 오지 않았다.

680년(문무왕 20) 정월, 그렇게 왜에 도착했다는 가량정산·김홍세 일행이 왜의 수도로 향했다 한다. 그리고 다음 달, 신라가 나말 감물나(甘勿那)를 보내 고구려 사신 환부(桓父) 등을 쓰쿠시까지 호송했다 한다. 고구려가 이미 망한 다음인데도 신라 사신이 고구려 사신을 호송했다는 말이 반복되는 것으로 보아, 이때 고구려 사신은 사실 보덕국 요인인지도 모르겠다.

그런 상황과는 별개로 신라에서는 2월, 이찬 김군관(金軍官)을 상대등으로 삼았다. 3월에 보덕왕 안승에게 금은으로 만든 그릇과 여러 가지 채색 비단 100단을 주고 왕의 여동생(또는 잡찬 김의관金義官의 딸)을 시집보냈다. 그리고 "인류의 근본은 부부이니, 내 누이의 딸로 배필을 삼아 자손이 번창하기를 바란다"라는 취지의 교서(敎書)를 보냈다.

그러자 5월, 안승은 대장군 연무(延武) 등을 통해 "조카를 아내로 보내주어 감사하다"는 표(表)를 보내 왔다. 이때 즈음 가야군(加耶郡)에 금관 소경(金官小京)을 설치했다. 정확한 시기가 표시되어 있지는 않지만, 『삼국유사』에는 신라에서 안승을 받아들일 때 즈음 문무왕이 동생 거득공(車得公)을 재상으로 기용하던 때의 일화가 나온다. 문무왕이 거득공을 불러 재상에 기용할 뜻을 보이자, 그는 "나라를 돌아보며 상황을 파악한 다음 취임하겠다"며 거사(居士) 차림으로 떠났다 한다. 그가 무진주에 도착했을 때, 그 주의 관리 안길(安吉)은 그가 보통 사람이 아님을 알아보고 처와 첩 3명에게 "손님과 동침한 여자와 평생을 같이 하겠다"고 선언하여 한 여자를 동침시켜주었다. 그렇게 대접을 받은 거득공은 "왕경에 오면 내 집에 들러달라"며 집의 위치를 가르쳐주었고, 나중에 찾아온 안길을 극진히 대접하고 왕에게 부탁하여 무진주에 땔나무를 댈 땅을 내려주었다 한다. 그래서 안길이 부러움을 샀다 하니, 성상납에 대한 의식 역시 지금과 많이 달랐던 셈이다.

9월 『일본서기』에는 신라에 파견되었던 사신들이 돌아

와 조정에 보고했다고 한다. 그리고 17일에 신라가 아찬 김 항나(金項那)와 사찬 살류생(薩虆生)을 보내 조공을 바쳤다고 해놓았다. 이때 조공품은 금, 은, 철, 정(鼎), 금(錦), 견(絹), 포 (布), 피(皮), 말, 개, 노새, 낙타 등 10여 종이었고, 따로 천황, 황후, 태자에게 금, 은, 도(刀), 기(旗) 등을 여러 개 씩 바쳤다고 한다.

681년(문무왕 21) 정월 초하루부터 하루 종일 밤처럼 어두워지는 이변이 일어났다. 이런 이변에도 불구하고 사찬 무선(武仙)이 정예 군사 3,000명을 이끌고 비열홀까지 진출했다. 이즈음 우사록관(右司祿館)을 설치하여, 문무왕 17년에 설치했던 좌사록관을 보강했다.

『일본서기』에는 이해 2월 신라 사신들이 돌아가려 할 때, 은혜를 베풀어 각각 녹(祿)을 주었다 한다. 4월에도 김항나 등에게 쓰쿠시에서 잔치를 베풀고 차등을 두어 녹을 주었단다. 5월에는 신라가 대나말 고나(考那)를 보내 또 고구려의 사신들을 쓰쿠시에 보내왔다고 적어놓았다. 그리고 김항나 등은 6월에 귀국했다.

『삼국사기』에는 이해 5월에 지진이 일어났고 유성이 삼대성(參大星)을 침범하였으며, 6월에는 천구(天狗: 유성)가 서남쪽에 떨어졌다는 내용만 보인다. 이런 와중에 문무왕은 왕경에 새로 성을 쌓으려고 했다. 그래서 승려 의상(義相)에게 의견을 구했지만, 의상은 반대였다. "바르게 살면 들판의 띠 집에 살아도 길게 복을 받을 것이지만, 그렇지 않으면 사람을 힘들게 만들면서 성을 쌓아봐야 이익이 없다"는 취지였다. 의상의 의견을 받아들인 문무왕은 성 쌓기를 포기했다.

그러고 난 후인 7월 1일, 문무왕이 죽었다. 문무왕은 죽기 전에 "과인은 어지러운 시국에 등극하여 주변을 정벌하여 나라를 안정시켰다. 부끄럽지 않은 업적을 남겼다고 할 만하지만, 온갖 고생을 무릅쓰다가 고치기 어려운 병에 걸렸다. 죽고 나서 이름만 남는 것은 예나 지금이나 마찬가지이니, 어찌 한스러움이 있겠는가? 태자는 일찍이 덕을 쌓았고 오랫동안 그 자리에 있었으니, 관 앞에서 왕위를 잇도록 하라. 시신은 화장(火葬)할 것이며, 장례는 검소하게 치르라. 변경 방어와 세금 징수는 꼭 필요한 것 아니면 헤아려 폐지하고, 율령격식(律令格式)에 불편한 것이 있으면 곧 고치도록 하라"라는 취지의 유언을 남겼다. 문무(文武)라는 시호를 붙이고, 유언에 따라 동해 어구 큰 바위 위에 장사 지냈다.

『삼국사기』 편찬자는 "백성들 사이에 장사 지낸 바위를 대왕석(大王石)이라 부르며, 문무왕이 용으로 변했다는 말이 전한다"는 기록을 남겨놓았다. 『삼국유사』에는 좀 더 노골적으로 문무왕의 유언에 다른 의미를 강조해놓았다. 문무왕이 "죽은 뒤에 나라를 지키는 용이 되겠다"했다는 것이다. 그래서 지금도 동해의 대왕암이 문무왕의 무덤이라 여기는 일이 많으나, 조사 결과 무덤 흔적은 발견하지 못한 것으로 알려지고 있다.

『일본서기』에는 이런 사정을 무시하고 이해 11월에도 신라가 사찬 김약필(金若弼)과 대나말 김원승(金原升)을 보내 조공을 바쳤다고 했다. 이때 말을 배울 3명이 이들을 따라왔다 한다.

신라왕조실록 2 법흥왕~문무왕 편

펴낸날	초판 1쇄 2017년 8월 25일

지은이	이희진
펴낸이	심만수
펴낸곳	(주)살림출판사
출판등록	1989년 11월 1일 제9-210호

주소	경기도 파주시 광인사길 30
전화	031-955-1350 팩스 031-624-1356
홈페이지	http://www.sallimbooks.com
이메일	book@sallimbooks.com

ISBN	978-89-522-3712-5 04080
	978-89-522-0096-9 04080 (세트)

이 도서의 국립중앙도서관 출판시도서목록(CIP)은 서지정보유통지원시스템 홈페이지
(http://seoji.nl.go.kr)와 국가자료공동목록시스템(http://www.nl.go.kr/kolisnet)에서
이용하실 수 있습니다.(CIP제어번호: CIP2017018743)

책임편집·교정교열 성한경·김건희

085 책과 세계

강유원(철학자)

책이라는 텍스트는 본래 세계라는 맥락에서 생겨났다. 인류가 남긴 고전의 중요성은 바로 우리가 가 볼 수 없는 세계를 글자라는 매개를 통해서 우리에게 생생하게 전해 주는 것이다. 이 책은 역사라는 시간과 지상이라고 하는 공간 속에 나타났던 텍스트를 통해 고전에 담겨진 사회와 사상을 드러내려 한다.

056 중국의 고구려사 왜곡 eBook

최광식(고려대 한국사학과 교수)

중국의 고구려사 왜곡의 숨은 의도와 논리, 그리고 우리의 대응 방안을 다뤘다. 저자는 동북공정이 국가 차원에서 진행되는 정치적 프로젝트임을 치밀하게 증언한다. 경제적 목적과 영토 확장의 이해관계 등이 복잡하게 얽혀 있는 동북공정의 진정한 배경에 대한 설명, 고구려의 역사적 정체성에 대한 문제, 고구려사 왜곡에 대한 우리의 대처방법 등이 소개된다.

291 프랑스 혁명 eBook

서정복(충남대 사학과 교수)

프랑스 혁명은 시민혁명의 모델이자 근대 시민국가 탄생의 상징이지만, 그 실상을 아는 사람은 많지 않다. 프랑스 혁명이 바스티유 습격 이전에 이미 시작되었으며, 자유와 평등 그리고 공화정의 꽃을 피기 위해 너무 많은 피를 흘렸고, 혁명의 과정에서 해방과 공포가 엇갈리고 있었다는 등의 이야기를 통해 프랑스 혁명의 실상을 소개한다.

139 신용하 교수의 독도 이야기 eBook

신용하(백범학술원 원장)

사학계의 원로이자 독도 관련 연구의 대가인 신용하 교수가 일본의 독도 영토 편입문제를 걱정하며 일반 독자가 읽기 쉽게 쓴 책. 저자는 역사적으로나 국제법상으로 실효적 점유상으로나, 어느 측면에서 보아도 독도는 명백하게 우리 땅이라고 주장하며 여러 가지 역사적인 자료를 제시한다.

144 페르시아 문화

신규섭(한국외대 연구교수)

인류 최초 문명의 뿌리에서 뻗어 나와 아랍을 넘어 중국, 인도와 파키스탄, 심지어 그리스에까지 흔적을 남긴 페르시아 문화에 대한 개론서. 이 책은 오랫동안 베일에 가려 있던 페르시아 문명을 소개하여 이슬람에 대한 편견과 오해를 바로 잡는다. 이태백이 이란계였다는 사실, 돈황과 서역, 이란의 현대 문화 등이 서술된다.

086 유럽왕실의 탄생

김현수(단국대 역사학과 교수)

인류에게 '예술과 문명' 그리고 '근대와 국가'라는 개념을 선사한 유럽왕실. 유럽왕실의 탄생배경과 그 정체성은 무엇인가? 이 책은 게르만의 한 종족인 프랑크족과 메로빙거 왕조, 프랑스의 카페 왕조, 독일의 작센 왕조, 잉글랜드의 웨섹스 왕조 등 수많은 왕조의 출현과 쇠퇴를 통해 유럽 역사의 변천을 소개한다.

016 이슬람 문화

이희수(한양대 문화인류학과 교수)

이슬람교와 무슬림의 삶, 테러와 팔레스타인 문제 등 이슬람 문화 전반을 다룬 책. 저자는 그들의 멋과 가치관을 흥미롭게 설명하면서 한편으로 오해와 편견에 사로잡혀 있던 시각의 일대 전환을 요구한다. 이슬람교와 기독교의 관계, 무슬림의 삶과 낭만, 이슬람 원리주의와 지하드의 실상, 팔레스타인 분할 과정 등의 내용이 소개된다.

100 여행 이야기

이진홍(한국외대 강사)

이 책은 여행의 본질 위를 '길거리의 철학자'처럼 편안하게 소요한다. 먼저 여행의 역사를 더듬어 봄으로써 여행이 어떻게 인류 역사의 형성과 같이해 왔는지를 생각하고, 다음으로 여행의 사회학적 · 심리학적 의미를 추적함으로써 여행에 어떤 의미를 부여할 것인가에 대해 말한다. 또한 우리의 내면과 여행의 관계 정의를 시도한다.

293 문화대혁명 중국 현대사의 트라우마

eBook

백승욱(중앙대 사회학과 교수)

중국의 문화대혁명은 한두 줄의 정부 공식 입장을 통해 정리될 수 없는 중대한 사건이다. 20세기 중국의 모든 모순은 사실 문화대혁명 시기에 집약되어 있다고 해도 과언이 아니다. 사회주의 시기의 국가 · 당 · 대중의 모순이라는 문제의 복판에서 문화대혁명을 다시 읽을 필요가 있는 지금, 이 책은 문화대혁명에 대한 안내자가 될 것이다.

174 정치의 원형을 찾아서

eBook

최자영(부산외국어대학교 HK교수)

인류가 걸어온 모든 정치체제들을 매우 짧은 기간 동안 시험하고 정비한 나라, 그리스. 이 책은 과두정, 민주정, 참주정 등 고대 그리스의 정치사를 추적하고, 정치가들의 파란만장한 일화 등을 소개하고 있다. 특히 이 책의 저자는 아테네인들이 추구했던 정치방법이 오늘 우리 사회가 당면한 문제를 해결할 수 있는 지혜의 발견에 도움을 줄 수 있을 것이라고 말한다.

420 위대한 도서관 건축순례

eBook

최정태(부산대학교 명예교수)

이 책은 도서관의 건축을 중심으로 다룬 일종의 기행문이다. 고대 도서관에서부터 21세기에 완공된 최첨단 도서관까지, 필자는 가능한 많은 도서관을 직접 찾아보려고 애썼다. 미처 방문하지 못한 도서관에 대해서는 문헌과 그림 등 가능한 많은 정보를 수집하려 노력했다. 필자의 단상들을 함께 읽는 동안 우리 사회에서 도서관이 차지하는 의미에 대해 다시 생각하게 된다.

421 아름다운 도서관 오디세이

eBook

최정태(부산대학교 명예교수)

이 책은 문헌정보학과에서 자료 조직을 공부하고 평생을 도서관에 몸담았던 한 도서관 애찬가의 고백이다. 필자는 퇴임 후 지금까지 도서관을 돌아다니면서 직접 보고 배운 것이 40여 년 동안 강단과 현장에서 보고 얻은 이야기보다 훨씬 많았다고 말한다. '세계 도서관 여행 가이드'라 불러도 손색없을 만큼 풍부하고 다채로운 내용이 이 한 권에 담겼다.

eBook 표시가 되어있는 도서는 전자책으로 구매가 가능합니다.

㈜살림출판사

www.sallimbooks.com
주소 경기도 파주시 문발동 522-1 | 전화 031-955-1350 | 팩스 031-955-1355